ACTIVE JAPANESE

An Activity Book
for
Developing Communication Skills
in Japanese

ACTIVE JAPANESE

An Activity Book
for
Developing Communication Skills
in Japanese

(Beginner's Level Student's Book)

Masuhara Hitomi
National University of Singapore
&
Saito Tsugumi

Published by Singapore University Press

© 2000 Singapore University Press
Yusof Ishak House, NUS
31 Lower Kent Ridge Road
Singapore 119078

Fax (65) 774-0652
E-mail: supbooks@nus.edu.sg
Website: http://www.nus.edu.sg/SUP

ISBN 9971-69-233-3 (Paper)

TABLE OF CONTENTS

WORKSHEET SECTION

REFERENCE SECTION

SYLLABUS

Unit	Title	Learning Objectives	Learning Items
1	**A Japanese Song**	• Learning classroom Japanese • Learning how to make requests • Learning action verbs Dictionary form (plain present) & te-form	• action verbs te-form • action verbs dictionary form • particle (を) • useful classroom expressions
2	**Self-Introduction**	• Learning how to introduce yourself and your family • Learning be verbs (plain present)	• be-verb present affirmative & negative • particle (は, の) • vocabulary for family members, occupations, countries, people and languages
3	**My Pen & Your Pen**	• Reviewing classroom instructions • Learning how to express your possession • Learning be-verb present negative	• vocabulary for demonstratives (e.g. これ,それ, あれ;ここ, そこ, あそこ) • vocabulary for interrogatives (e.g. だれ, なに, どこ)
4	**Numbers**	• Learning Japanese numerals • Learning vocabulary & expressions	• numerals • telephone numbers • time expressions • price
5	**Drawing of a University**	• Learning expressions of direction • Learning vocabulary of the campus • Practise listen & draw	• vocabulary for the campus • vocabulary for direction (e.g. みぎ, ひだり)

6	**My Car**	• Learning adjectives present affirmative and negative	• vocabulary (adjectives) for describing shape, size and colour
7	**My Week**	• Learning expressions of days of the week • Learning polite form of action verbs (masu-form) present affirmative & negative • Learning polite form of action verbs (masu-form) past affirmative & negative	• three kinds of action verbs • action verbs and their conjugations • present affirmative and negative of masu form • past affirmative and negative of masu form • vocabulary for weekly activities
8	**What Day Is It Today?**	• Learning to talk about birthday dates and age	• vocabulary for days, months, year and age
9	**Diary**	• Making real use of numerals relevant to students' life • Asking and answering about dates and events	• vocabulary regarding yesterday, today, and tomorrow
10	**Recommending Places to Visit in Singapore**	• Learning expressions of asking for information about a place to visit • Reviewing adjectives • Practising writing a letter in Japanese	• vocabulary (adjectives) for describing places, price, distance, and the quality of experience • vocabulary for places to visit in Singapore
11	**Mr. Suzuki's Parents in Singapore**	• Learning past affirmative and negative forms of adjectives • Practising writing a diary in Japanese	• expressions of 'How to get there' 'Approximately how long /how far ?'

12	Where Is It?	• Learning expressions of 'There are/is' affirmative/negative	• counters • expressions of location (e.g. なか, そと, あいだ)
13	Singapore Bus Tour	• Learning expressions of 'There are/is' affirmative/negative • Learning adjectives to describe scenery	• vocabulary (adjectives) for describing scenery • verbs (あります, います) • counters (e.g. ひとつめ, ふたつめ)
14	Map	• Learning expressions of location and direction	• verbs (あります, います) • counters (e.g. ひとつめ, ふたつめ) • vocabulary for buildings
15	Face and Body	• Learning vocabulary of parts of face and body	• vocabulary of parts of face and body
16	Drawing Changes of Parts of Body	• Learning expression 'has/have become' • Reviewing adjectives past positive/negative	• vocabulary (adjectives) for describing appearance
17	In My Dream	• Confirming expressions 'has/have become' • Confirming adjectives past positive/negative	• vocabulary (adjectives) for describing appearance
18	What Kind of Person is Your Ideal Boy/Girl Friend?	• Reviewing adjectives • Learning how to put adjectives together	• vocabulary (adjectives) for describing appearance • vocabulary (adjectives) for describing personality

INTRODUCTION TO STUDENTS

Objectives

Active Japanese is designed to help learners:
- acquire the basic ability in listening, speaking, reading and writing in Japanese required to express yourself and about your surroundings
- raise motivation for further learning of Japanese
- develop awareness of major characteristics of the Japanese language

Expected Outcomes

By using Active Japanese, students are expected to become able to :
1. make a speech, interact in daily conversation and write a composition in Japanese, describing themselves, their family and university lives, and past events.
2. recognise basic vocabulary, structures and discourse markers in spoken and written Japanese.
   Specifically Active Japanese provides training in:
   - classroom Japanese
   - Verb te-form
   - desu-form: present and past tenses (affirmative & negative)
   - Verb masu-form: present and past tenses (affirmative & negative)
   - Adjectives: present & past (affirmative & negative)

Construction

Active Japanese consists of 18 units of classroom materials (texts and worksheets). Active Japanese also has a Reference Section. In the Reference Section you'll find grammar descriptions and list of useful expressions. Reference section can be used during the class or during your own private revision.

Each unit follows more or less a similar format:
- The cover page for each unit informs you of the objectives of the unit and which reference pages are relevant to the content of the unit.
- A text or transcript (it's best if you don't study this before the class and wait till your tutor reads it for you)
- Worksheets with tables or pictures for you to fill in

For example, in Unit 1, the cover on page 1 directs you to what you need. The cover tells you that you can find the text (lyric of a song) on page 2. You'll find the table of a verb list (Dictionary form and te-form) with some blanks on page 3. This is a worksheet for you to fill in. The cover on page 1 also indicates that, in the reference section, you'll find the same table of verb on page 101. This list is complete with all the Japanese scripts. You can use this as a self-study reference. Or you can compare with your own practice worksheet on page 3. The cover on page 1 shows that there are two more references for Unit 1: 1) 6 forms of Japanese verbs and 2) a list of useful classroom Japanese. These two references are useful during class and during your revisions. The list of the useful expressions is not really meant for you to memorise straight away. Active Japanese provides you with a lot of recycling of language in class; therefore you should be able to learn classroom Japanese gradually by active participation in the class.

How to use Active Japanese

Before Class Pre-class preparation is **NOT** expected. The materials included in Active Japanese are for use during class and during individual revisions.

In Class Look at the materials only when you are told to.

Units in Active Japanese normally start from you listening to the tutor without you looking at the text (just like many occasions in real-life conversation or listening situations).

In each unit, you will normally find a text (transcript) of what the tutor reads to you. During the class, you'll be given plenty of opportunities to listen to the text and then to look at the text, gradually confirming your understanding.

Therefore there is no reason for you to worry or to rush. Just enjoy the sounds and rhythm of Japanese and actively participate. Soon you'll find yourself understanding what is being said.

Depending on the time or on your responses, the tutor might change, omit or add to the materials. Don't worry about the significance of minor variations that your tutor makes. What matters is that you can fulfill the Expected Outcome specified above. If you want to get to a destination, there are different ways of getting there. As long as you get there, sensible routes can be negotiated by your tutor and you.

Grammar worksheets are there for a brief explanation or illustration of the language systems. Your tutor is most likely to give a few examples and let you take notes and to leave the worksheet for homework.

After Class Try to find time to review what you learned on the day. You could complete your worksheets, read reference pages, read the text again to see if you can understand, and do the assignments.

WORKSHEET SECTION

UNIT **1** A Japanese Song

にほんのうた

Objectives	• Learning classroom Japanese	
	• Learning verbs	
	Dictionary form (plain present)	
	Te-form	

A JAPANESE SONG

Musunde Hiraite	むすんでひらいて
Musunde	むすんで
Hiraite	ひらいて
Te o wutte	て を うって
Musunde	むすんで
Mata hiraite	また ひらいて
Te o utte	て を うって
Sono te o	その て を
Agete	あげて

Verb List - Dictionary form and Te-form

In Japanese dictionaries, verbs are listed in the –ru or –u (present plain) form - this plain present form, therefore, is often called the dictionary form. The te-form of verbs are extremely useful because the te-form can be used to ask someone politely to do something by adding 'kudasai', to describe continuous action, and to ask for permission. Thus it is wise for you to learn both forms of verbs from the beginning.

Practice
Let's find the regularities and complete the following table (reference pp.101).

Group I Verbs   *-u verb*

Dictionary form (Plain Present)		-te form			Meaning
		-*i*te いて　　　（ください） -*n*de んで　　　（ください） -*tt*e って　　　（ください）			
hira*k*u	ひらく	-*i*te	**hira***i*te	ひらいて	open
ki*k*u					listen
ka*k*u		いて			write
o*k*u	おく		**o***i*te	おいて	put down
musu*b*u	むすぶ	-*n*de	**musu***n*de	むすんで	clasp, fold, tie
*yo*m*u*	よむ		**yo***n*de	よんで	read
no*m*u		んで			drink
ma*ts*u	まつ	-*tt*e	**ma***t*te	まって	wait
u*ts*u	うつ		**u***t*te	うって	beat, clap
ta*ts*u		って			stand
iu					say

Group II Verbs   *-ru verb*

Dictionary form (Plain Present)		-te form		Meaning
		-te　て　　　（ください）		
ageru	あげる	**age**te	あげて	raise
sageru	さげる	**sage**te	さげて	put down
taberu				eat
miru				see, watch

Group III Verbs   *Irregular verb*

Dictionary form (Plain Present)		-te form		Meaning
		-te　て　　　（ください）		
suru	する	**shi**te		do
kuru	くる	**ki**te		come

UNIT 2   Self-introduction

じこしょうかい

Objectives
- Learning how to introduce yourself and your family
- Learning vocabulary
  Family members
  Countries, people &
           languages
  Occupations

Countries / People / Languages

国（くに）/　人（ひと）/　言語（げんご）

くに		ひと	げんご
Japan	にほん （にっぽん）	にほん<u>じん</u> （にっぽん<u>じん</u>）	にほん<u>ご</u>
England	イギリス （えいこく）	イギリスじん （えいこくじん）	えいご
America	アメリカ	アメリカじん	えいご
Australia	オーストラリア	オーストラリアじん	えいご
China	ちゅうごく	ちゅうごくじん	ちゅうごくご
Malaysia	マレーシア	マレーシアじん	マレーご
India	インド	インドじん	タミールご*
Singapore	シンガポール		
Thailand	タイ		
Indonesia	インドネシア	インドネシアじん	インドネシア ご

* Many languages and dialects are spoken in India.

Activity I　かぞくのメンバー　Family Members

1. Draw your family tree in the square as shown below in the example. Leave plenty of space in and around the square. You'll add Japanese descriptions later.

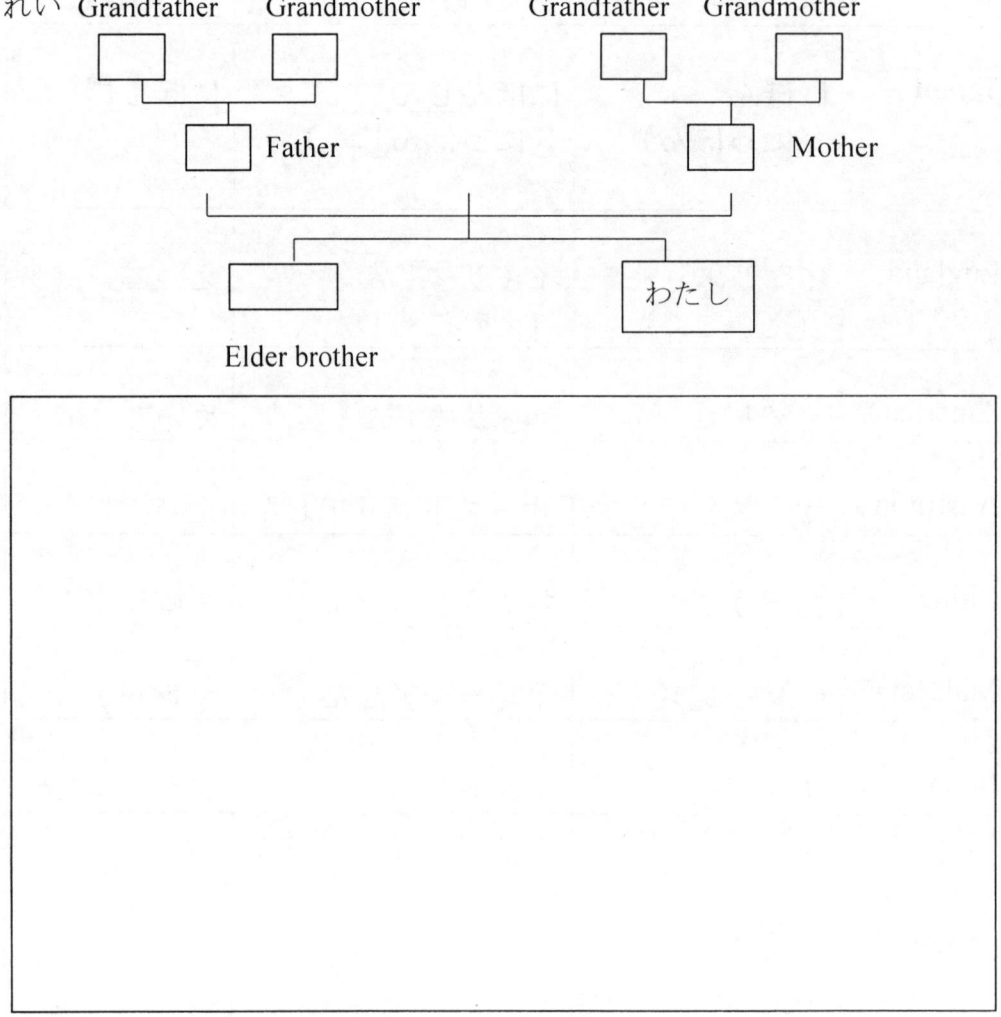

2. Read the culture notes on page 8. Using the reference on page 85, find out how your family members should be called in Japanese. Write in appropriate Japanese names to describe the relationships in your family tree above.

3. Using the reference on page 86, write the occupations of your family members in your family tree.

PRACTICE 1

Let's practice writing hiragana for family relationships (See pp. 85 for reference).

English Equivalent	My family		Other's family	
family	kazoku		go-kazoku	
grandfather	sofu		o-jii-san	
grandmother	sobo		o-baa-san	
father	chichi		o-too-san	
mother	haha		o-kaa-san	
elder brother	ani		o-nii-san	
elder sister	ane		o-nee-san	
younger brother	otooto		otooto-san	
younger sister	imooto		imooto-san	

PRACTICE 2

Let's practice writing hiragana for occupations (See pp. 86 for reference).

えいご		にほんご
teacher		kyooshi
student		gakusee
company employee		kaishain
housewife		shufu
owner (of a shop)		(mise no) oonaa
	デザイナー	dezainaa

CULTURE NOTE 1

MY FAMILY, YOUR FAMILY
(How to be polite in speaking Japanese)

An important aspect of being polite in Japan is to be humble about oneself and members of one's group (family, university, company, country). And to show due respect to 'outsiders'.

This distinction is reflected even in the words used to refer to family members. Respect is shown for someone else's family through the use of so-called 'honorifics', such as –san (e.g. Sumisu san: Mr. Smith), o- (e.g. o-ko-san: your children), go- (e.g. go-kazoku: your family). When talking about one's own family, however, honorifics are not usually applied. This non-use of honorifics makes it clear whose family you're talking about. For example, when you're talking about your own father, you say 'chichi' but when you refer to somebody else's father as in 'Mr. Smith's father' you say 'o-toosan'.

CULTURE NOTE 2

The Use of Honorifics Within Your Own Group

Within your own family, there is a rule of seniority. You're expected to address your seniors with respect. For example, you'd call your father 'o-toosan', your mother 'o-kaasan'. Similarly you'd call your elder brother 'o-niisan', elder sister 'o-nee-san'. Such respectful use of terms, however, doesn't apply when addressing your juniors. You tend to call younger members of your family by their names. Some family members may add 'chan' after a person's name in order to show affection. For example, Mother may call their child whose name is Taro 'Taro-chan'. If the child has grown up, then Mother may call him 'Taro-san', which sounds more respectful.

8

PRACTICE

Can you introduce yourself and your family in Japanese?
Use the reference sheets on page 85, 86, 87, and 88.

自己紹介 （じこしょうかい）

おはようございます。／　こんにちは。

じこしょうかいをさせてください。

わたしは＿＿＿＿＿＿＿＿＿＿＿＿＿＿＿＿です。

わたしは＿＿＿＿＿＿＿＿＿＿人（じん）です。

ここはシンガポールです。

ここは＿＿＿＿＿＿＿＿＿＿＿＿＿です。

＿＿＿＿＿＿＿＿＿＿＿＿はわたしの街（まち）です。

これはわたしの父（ちち）です。

＿＿＿＿＿＿＿＿＿＿＿＿＿＿＿＿＿＿＿＿＿。

＿＿＿＿＿＿＿＿＿＿＿＿＿＿＿＿＿＿＿＿＿。

＿＿＿＿＿＿＿＿＿＿＿＿＿＿＿＿＿＿＿＿＿。

どうぞ、よろしく。

UNIT 3　My Pen & Your Pen

わたしのペンと
　あなたのペン

Objectives
- Learning how to express one's possessions
- Learning vocabulary

This, it, that
This book, the book, that book
Here, there, over there

Demonstrative Words
(e.g. this, it, that; here, there, over there)

	this	**it**	**that**
pronoun	こ＿	そ＿	あ＿
noun modifier	こ＿ほん	そ＿ほん	あ＿ほん
location	こ＿	そ＿	あ＿

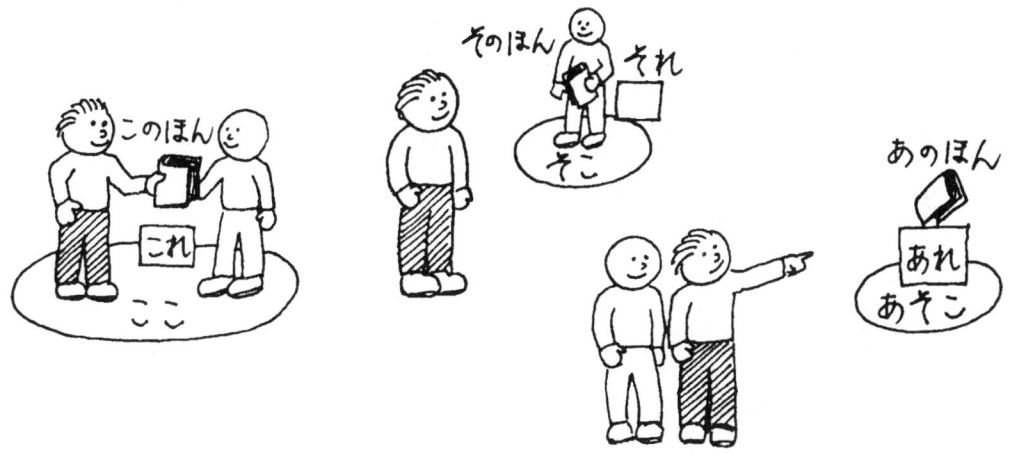

Practice

こ＿は　わたしのほんです。

そ＿は　あなたのほんです。

あ＿は　やまださんのほんです。

こ＿ほんは　わたしのです。

そ＿ほんは　あなたのです。

あ＿ほんは　やまださんのです。

こ＿はシンガポールです。

わたしのペンとあなたのペン

たってください。

すわってください。

てをあげてください。

てをむすんでください。

てをひらいてください。

てをうってください。

てをさげてください。

ここへきてください。

そこへもどってください。

みてください。

これはペンです。

それはペンです。

ペンをもってください。

ペンをおいてください。

ここにペンをおいてください。

これはわたしのペンです。

これもわたしのペンです。

このペンとこのペンとこのペンはわたしのペンです。

それはあなたのペンです。

それもあなたのペンです。

そのペンとそのペンとそのペンはあなたのペンです。

あなたのペンをもってください。

あなたのペンをあげてください。

あなたのペンをさげてください。

あなたのペンをおいてください。

これはあなたのペンです。

これはわたしのペンではありません。

このペンとこのペンとこのペンはあなたのペンです。

このペンとこのペンとこのペンはわたしのペンではありません。

たってください。

あなたのペンをもってください。

ここへきてください。

あなたのペンをここへおいてください。

そこへもどってください。

すわってください。

どうもありがとう。

このペンもこのペンもこのペンも...ぜんぶわたしのペンです。

それでは、また。さようなら。

UNIT 4   Numbers

すうじ

Objectives
- Learning Japanese numerals
- Learning vocabulary & expressions
  Telephone numbers
  Time expressions
  Price

Activity I　すうじのえ

Your instructor will read two numbers at a time. Connect the dot beneath the first number and the second number with a line as shown below.

れい)　　　1 と 2　　　　　1——————2

1	2	3	4	5	6	7	8	9
10	11	12	13	14	15	16	17	18
19	20	21	22	23	24	25	26	27
28	29	30	31	32	33	34	35	36
37	38	39	40	41	42	43	44	45
46	47	48	49	50	51	52	53	54
55	56	57	58	59	60	61	62	63

Activity II　　でんわばんごう

1. Read aloud the telephone numbers written below.
   Use the following example and the list of すうじ on page 95 as your reference.

   ＜れい＞　１２３－４５６７ (いちにさん　の　よんごろくなな)

   ```
   887    −    9900
   412    −    0365
   369    −    8747
   ```

2. Write your telephone number in Arabic numerals in the following blank.
   Practice saying your number in Japanese, 'My telephone number is
   _____.'

   　　　わたしのでんわばんごうは_____です。

3. Form a pair. Ask each other's telephone numbers in Japanese.
   When you hear your partner's number, take a memo in Arabic numerals
   and check later with your partner if you heard the number correctly.

   When you have finished, find another partner and do the same thing.

   ＜れい＞
   Q. _____さん、でんわばんごうはなんばんですか。

   A. _____です。

Activity III じかん (hours)
(Pair Work sheet 1)

Find a partner.
You are at an international airport in Japan. One of you is a traveler and the other is an assistant at the information desk.

The traveler wants to know the time in various cities in the world. The assistant gives the traveler the time. Follow the example and make a conversation in Japanese.
After asking for the time in two cities, change roles.

<れい> ごぜん ／ ごご

A：すみません。
　いま、東京（とうきょう）は何時（なんじ）ですか。
B：ごご８時です。

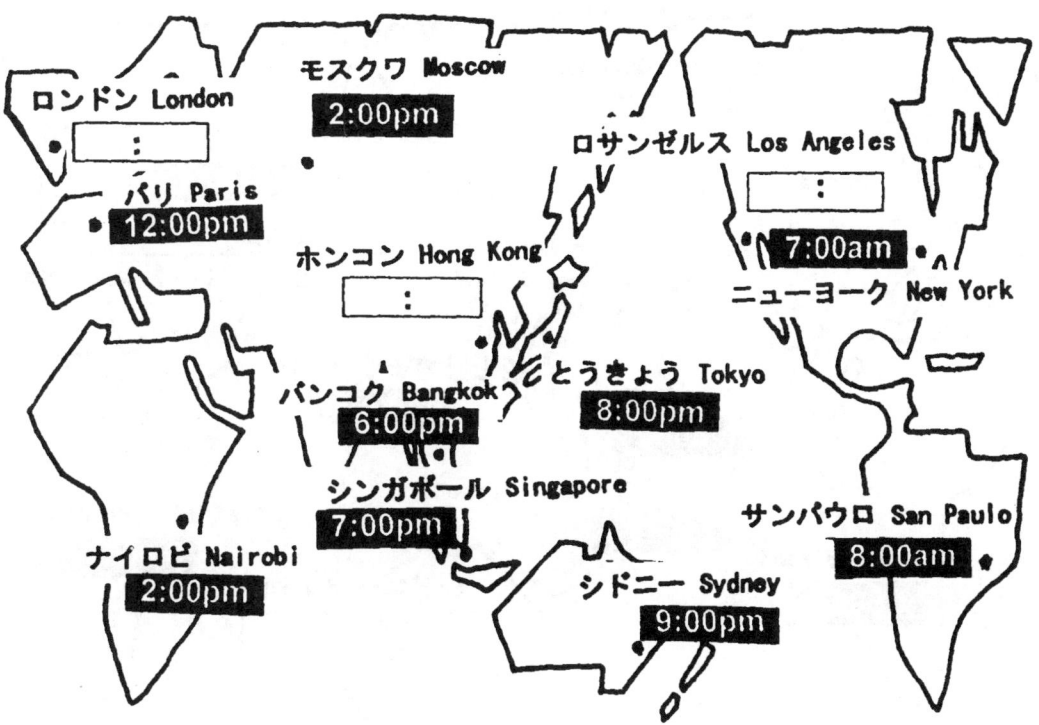

Activity III　　じかん　(hours)
(Pair Work sheet 2)

Find a partner.
You are at an international airport in Japan. One of you is a traveler
and the other is an assistant at the information desk.

The traveler wants to know the time in various cities in the world.
The assistant gives the traveler the time. Follow the example and
make a conversation in Japanese.
After asking for the time in two cities, change roles.

<れい>　　　　　　　　　ごぜん　/　ごご
  A：すみません。
    いま、東京（とうきょう）は何時（なんじ）ですか。
  B：ごご8時です。

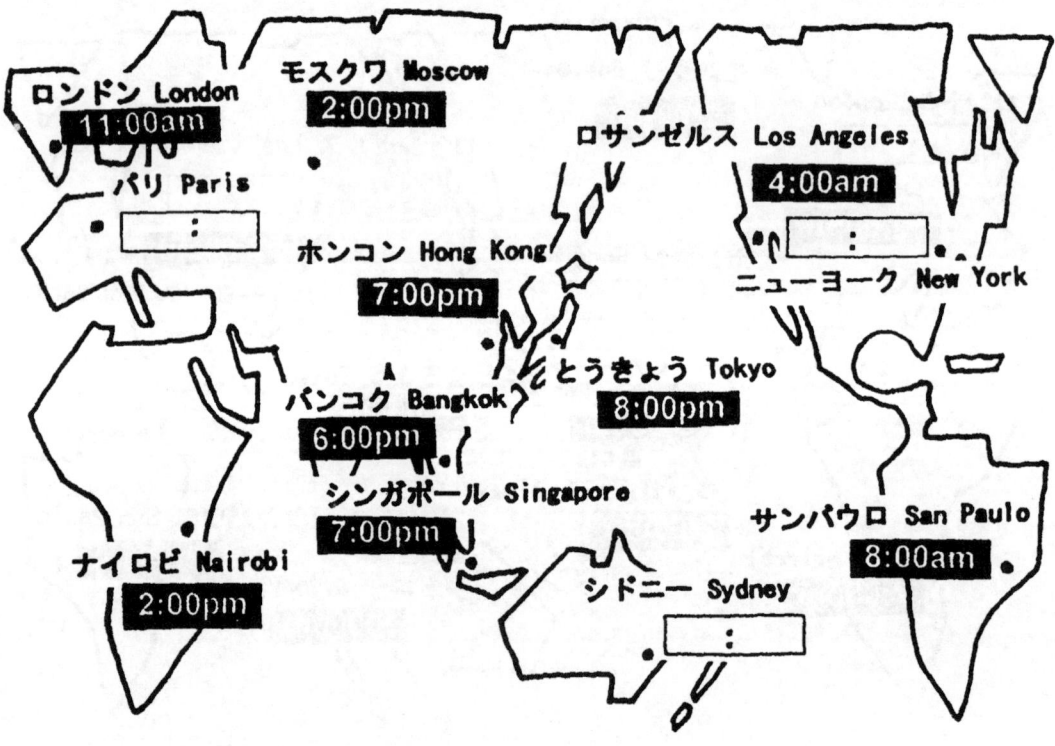

Activity III　　じかん　2

Write down in Japanese the time shown in the pictures 1 to 6 below and practice saying the time as in the following example.

いま、なんじですか。

<れい>　　9：15（くじじゅうごふん）です。

1 _____

2 _____

3 _____

4 _____

5 _____

6 _____

じかん

	Hour　じ	Minute　ふん / ぷん
1	いちじ	いっぷん
2	にじ	にふん
3	さんじ	さんぷん
4	**よじ**	よんぷん
5	ごじ	ごふん
6	ろくじ	ろっぷん
7	**しちじ**	ななふん
8	はちじ	はっぷん
9	**くじ**	きゅうふん
10	じゅうじ	じゅっぷん / じっぷん
11	じゅういちじ	じゅういっぷん
12	じゅうにじ	じゅうにふん
?	なんじ	なんぷん

	Minute
10	じゅっぷん
20	にじゅっぷん
30	さんじゅっぷん / はん
40	よんじゅっぷん
50	ごじゅっぷん
60	ろくじゅっぷん

Practice

Put either 「ふん」 or 「ぷん」 in the blanks.

> 1：30　　いちじさんじゅっ(　　　　) /
> 　　　　　いちじはん
> 4：15　　よじじゅうご(　　　)
> 7：40　　しちじよんじゅっ(　　　　)
> 9：55　　くじごじゅうご(　　　　)

20

Activity IV　　ねだん
(Pair Work Sheet 1)

Find a partner.
You are at a shop in Japan. One of you is a shop assistant（てんいん）and the other is a customer（きゃく）.

The customer wants to know the price of various goods. The shop assistant tells the customer the price of each item.　Follow the example and make a conversation in Japanese.

Write down the price for each picture.

＜れい＞　　きゃく：　　すみません。
　　　　　　　　　　　　　ほんはいくらですか。
　　　　　　　てんいん：　　７００（ななひゃく）えんです。

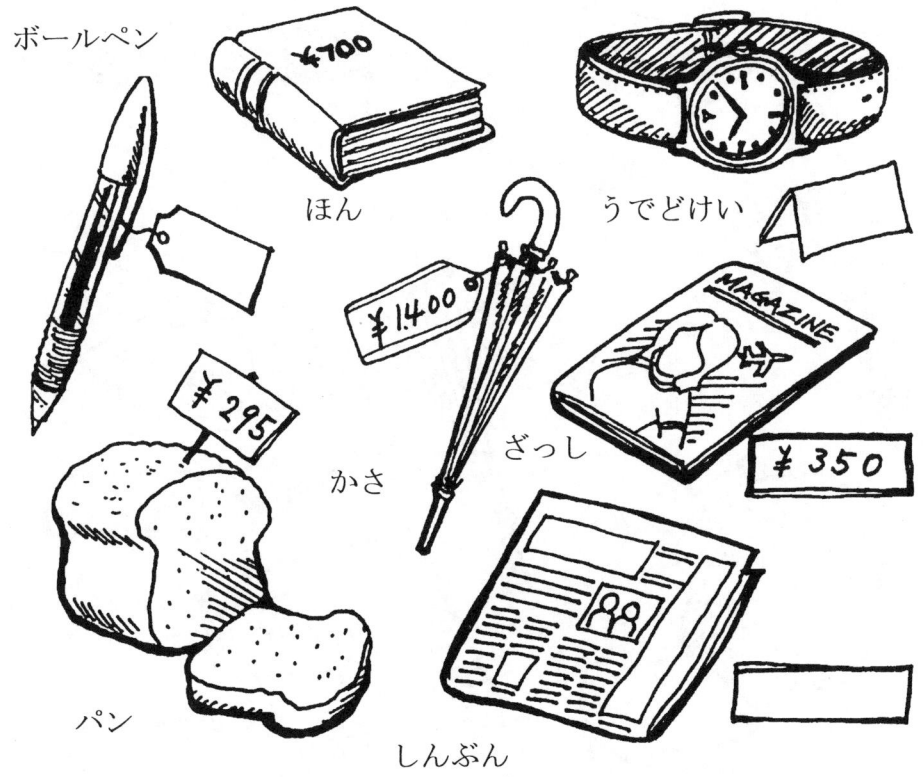

Activity IV　　ねだん
(Pair Work Sheet 2)

Find a partner.
You are at a shop in Japan. One of you is a shop assistant （てんいん） and the other is a customer （きゃく）.

The customer wants to know the price of various goods. The shop assistant tells the customer the price of each item. Follow the example and make a conversation in Japanese.

Write down the price for each picture.

＜れい＞　　きゃく：　すみません。
　　　　　　　　　　　ほんはいくらですか。
　　　　てんいん：　７００（ななひゃく）えんです。

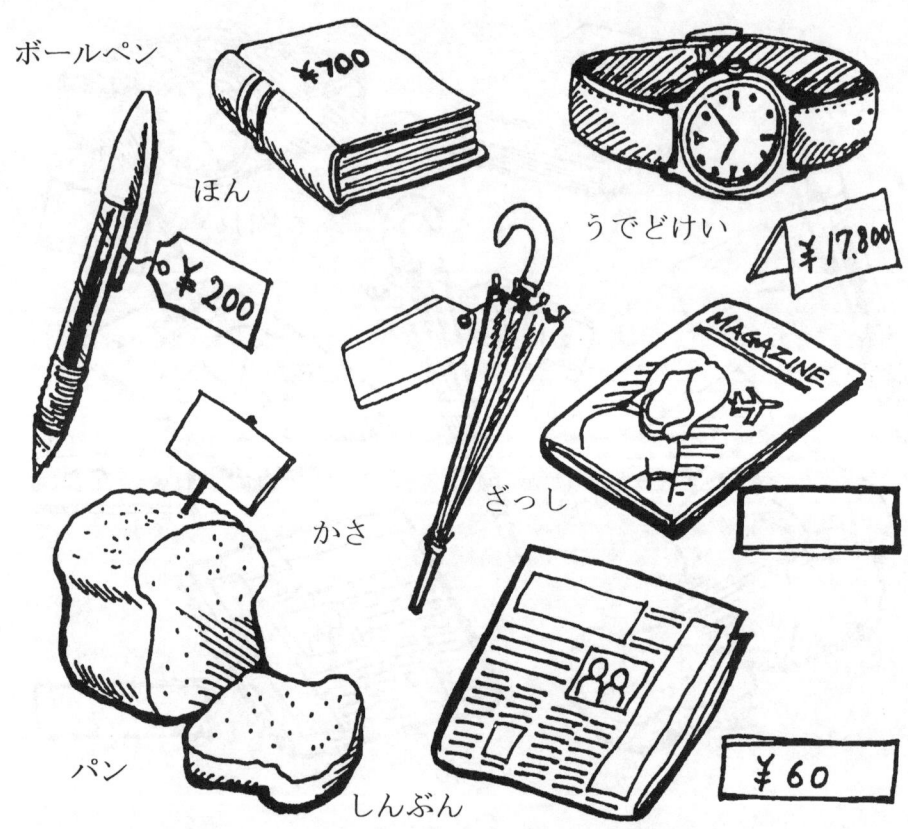

ボールペン
ほん
うでどけい
¥700
¥17,800
¥200
MAGAZINE
かさ
ざっし
パン
しんぶん
¥60

UNIT 5   Drawing of a University

だいがくのえ

Objectives
- Learning expressions of location
- Learning vocabulary of the campus
- Practice of listening & drawing

わたしのだいがく

わたしのだいがく　＜たんご＞

bus stop	バスてい
mountain	やま（山）
garden	にわ（庭）
building in general	たてもの（建物）
modern concrete building	ビル
university	だいがく（大学）
school	がっこう（学校）
classroom	きょうしつ（教室）
lecture theatre/room	こうぎしつ（講義室）
laboratory	ラボ
library (building)	としょかん（図書館）
library (room)	としょしつ（図書室）
administration office	じむしつ（事務室）
gymnasium	たいいくかん（体育館）
canteen	しょくどう（食堂）
restaurant	レストラン
pool	プール
coffee shop	コーヒーショップ
tennis court	テニスコート
dormitory	りょう（寮）
toilet, restroom	トイレ

だいがくのえ

26

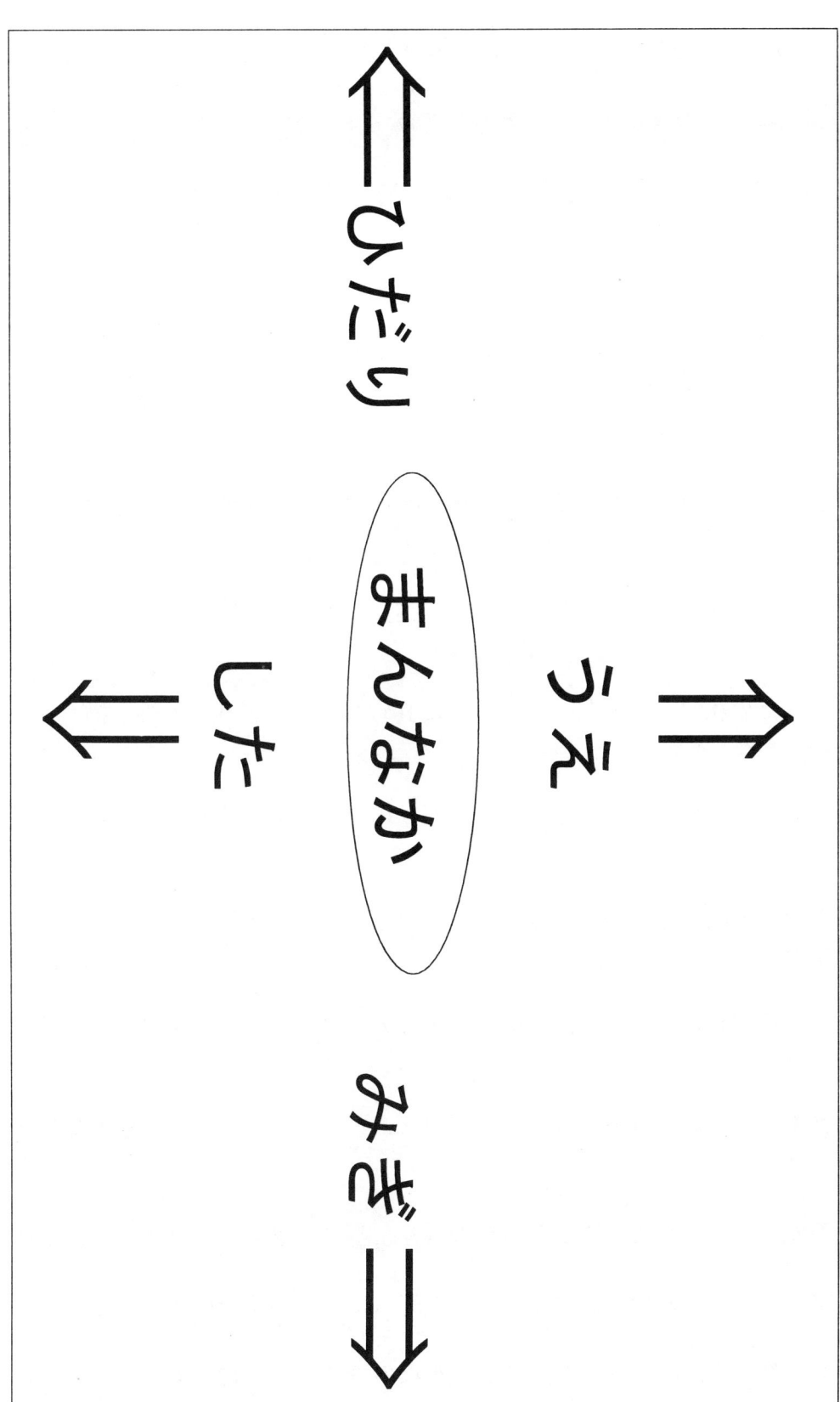

ひだり

うえ

まんなか

した

みぎ

だいがくのえ

紙（かみ）のまんなかに　あなたの絵（え）を描（か）いてください。

その絵（え）の下（した）にひらがなの「わたし」を書（か）いてください。

あなたの絵（え）の右（みぎ）に教室（きょうしつ）の絵を描（か）いてください。

その絵（え）の下（した）にひらがなの「きょうしつ」を書（か）いてください。

教室（きょうしつ）の絵（え）の（上）うえに山（やま）の絵を描（か）いてください。

その絵（え）の下（した）にひらがなの「やま」を書（か）いてください。

あなたの絵（え）の左（ひだり）に食堂（しょくどう）の絵を描（か）いてください。

その絵（え）の下（した）にひらがなの「しょくどう」を書（か）いてください。

あなたの絵（え）の左（ひだり）下（した）に図書館（としょかん）の絵を描いてください。

その絵（え）の下（した）にひらがなの「としょかん」を書いてください。

教室（きょうしつ）の絵（え）の下（した）に寮（りょう）の絵を描いてください。

その絵の上（うえ）にひらがなの「りょう」を書いてください。

寮（りょう）の絵の左（ひだり）に庭（にわ）の絵を描いてください。

その絵（え）の下（した）にひらがなの「にわ」を書いてください。

UNIT 6　　My Car

わたしのくるま

JAPANESE ADJECTIVES (1)
Changes of negative forms

'-i （い）' or 'true' adjectives

Just like verbs, い adjectives have special negative forms. These forms can be made by dropping the final 'い' from the present ('dictionary' form) and adding different endings. See the table below.

e.g. わたしのうちはちいさい<u>です</u>。
わたしのうちはちいさ<u>く</u><u>ない</u>です。

Meaning	Dictionary form	Present affirmative –です	Present Negative Drop the final い -くないです
big	おおきい	おおきいです	おおき<u>く</u>ないです
small	ちいさい		
new	あたらしい	あたらしいです	あたらし<u>く</u>ないです
old	ふるい	ふるいです	ふる<u>く</u>ないです
high / expensive	たかい	たかいです	たか<u>く</u>ないです
low	ひくい		
cheap	やすい	やすいです	やす<u>く</u>ないです
light/bright	あかるい	あかるいです	あかる<u>く</u>ないです
dark	くらい	くらいです	くら<u>く</u>ないです

'-na （な）' or 'pseudo' adjectives

な adjectives behave like nouns and their forms do not change in the negative or past. Instead the verb desu changes for them. See the table of change below.

e.g. わたしのちちはハンサム<u>です</u>。
わたしのちちはハンサム<u>ではありません</u>。

Meaning	Dictionary form	Present (です)	Present Negative (では ありません) (じゃ ありません)
kind	しんせつ	しんせつです	しんせつではHideSimarimasen しんせつではありません
pretty	きれい*	きれいです	きれいではありません
hansamu	ハンサム		

*きれい ends in い but it came from Chinese and belongs to な adjective not い adjective.

30

わたしのくるま

わたしの車（くるま）

わたしの車はおおきくないです。

わたしの車はちいさいです。

わたしの車は赤（あか）い車です。

私の車は青（あお）くないです。

私の車はたかくないです。やすいです。

私の車はあたらしくないです。

ふるいです。

UNIT **7**   My Week

わたしの
いっしゅうかん

Objectives
- Learning expressions of days of the week
- Learning polite（ます）forms of verbs
  - Present affirmative
  - Present negative
- Learning polite（ます）forms of verbs
  - Past affirmative
  - Past negative

33

わたしのいっしゅうかん

日（にち）よう日（び）に　しんぶんをよみ、
月（げつ）よう日（び）に　だいがくへいき、
火（か）よう日（び）に　テニスをします。

チュラ、チュラチュラ、チュラチュラ、チュララ

水（すい）よう日（び）に　しょくじをつくり、
木（もく）よう日（び）に　コーヒーをのみ、
金（きん）よう日（び）に　えいがをみます。

チュラ、チュラチュラ、チュラチュラ、チュララ

土（ど）よう日（び）に　カラオケでうたい、
恋人（こいびと）とデートをします。

みなさん、
これがわたしの一週間（いっしゅうかん）のしごとです。

チュラ、チュラチュラ、チュラチュラ、チュララ
チュラ、チュラチュラ、チュララ

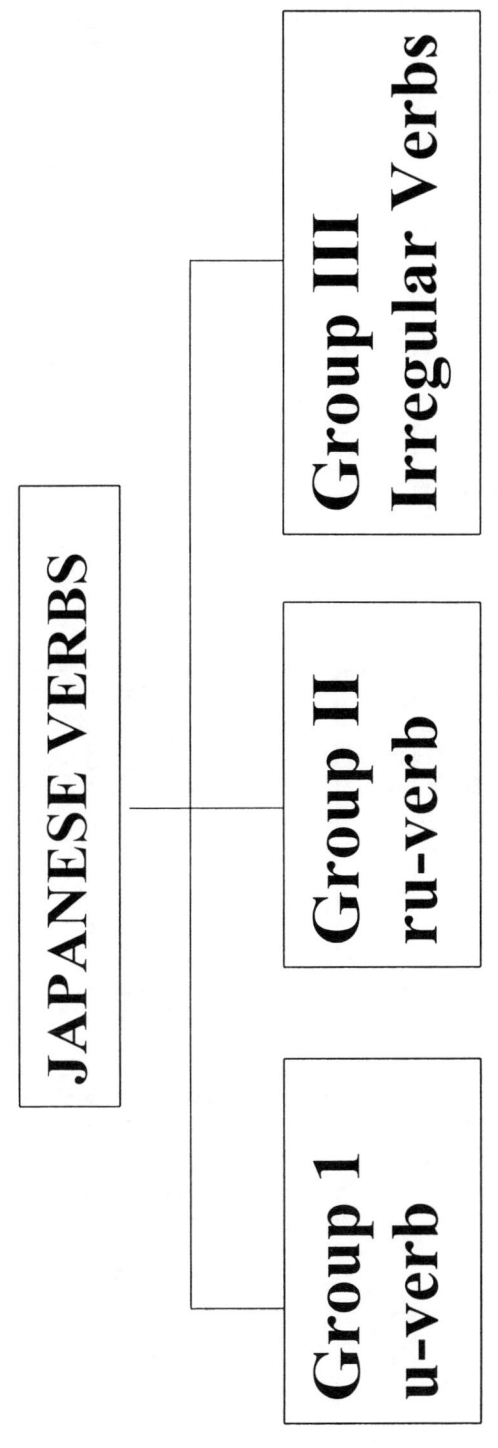

POLITE （ます） FORM OF VERBS (1)

U-Verb / Group I verb

English Meaning	Plain Present (Dictionary Form)	Root	て-form	Present Polite Affirmative Root+i+ます	Present Polite Negative Root+i+ません	Past Polite Affirmative Root+i+ました	Past Polite Negative Root+i+ませんでした
listen	きく kiku	kik	いて　きいて	ききます	ききません	ききました	ききませんでした
write	かく kak	kak					
open	ひらく hirak	hirak					
put down	おく ok	ok					
play *	ひく hik	hik					
go	いく ik	ik	いって**	いきます	いきません	いきました	いきませんでした

* play the musical instruments.
**て form of いく is not いいて but いって

English Meaning	Plain Present (Dictionary Form)	Root	て-form	Present Polite Affirmative Root+i+ます	Present Polite Negative	Past Polite Affirmative	Past Polite Negative
clasp	むすぶ musubu	musub	んで　むすんで	むすびます　*See next page*			
read	よむ yom	yom					
drink	のむ nom	nom					
clap	うつ utsu	uts	って　うって				
stand	たつ tats	tats					
sit	すわる suwar	suwar					
make,cook	つくる tsukur	tsukur					
sing	うたう uta(w)	uta(w)					
say	いう i(w)	i(w)					

Conjugation of Group 1 Verbs

Verb Root	k	g	s	t	r	w	n	m	b
ない form	か	が	さ	た	ら	わ	な	ま	ば
ます form	**き**	**ぎ**	**し**	**ち**	**り**	**(い)**	**に**	**み**	**び**
Dictionary form	く	ぐ	す	つ	る	(う)	ぬ	む	ぶ
Conditional form	け	げ	せ	て	れ	(え)	ね	め	べ
Volitional form	こ	ご	そ	と	ろ	(お)	の	も	ほ
て form	いて	いで	して	って	って	って	んで	んで	んで

<かい>

かく　(write)　　Dictionary form　⇒　か<u>く</u>

　　　　　　　　　ます form　　　⇒　か<u>き</u>ます

Write masu form of each verb below:

よむ　(read)
うたう　(sing)
つくる　(make/cook)

POLITE （ます） FORM OF VERBS (2)

Ru-Verb / Group II verb

English Meaning	Plain Present (Dictionary Form)	Root	て form Root+て	Present Polite		Past Polite	
				Affirmative Root+ます	Negative Root＋ません	Affirmative Root＋ました	Negative Root＋ませんでした
raise	あげる ageru	age	あげて	あげます	あげません	あげました	あげませんでした
lower	さげる	sage					
eat	たべる	tabe					
go to bed	ねる	ne					
get up	おきる	oki					
watch,look	みる	mi					

38

POLITE （ます） FORM OF VERBS (3)

Irregular Verbs / Group III verb

English Meaning	Plain Present (Dictionary Form)	Root	て form	Present Polite		Past Polite	
				Affirmative +ます	Negative +ません	Affirmative +ました	Negative +ませんでした
come	くる		きて	きます	きません	きました	きませんでした
do	する		して	します	しません	しました	しませんでした
study	べんきょうする						
N を する							
do a homework	しゅくだいをする						
dine	しょくじをする						
play tennis	テニスをする						
play badminton	バドミントンをする						
play ping pong	ピンポンをする						
hold a party	パーティーをする						
date	デートをする						

わたしのいっしゅうかん

DAYS OF THE WEEK	ACTIVITIES

****

<u>What I did this morning</u>

-
-

<u>What I didn't do this morning</u>

-
-

UNIT **8**   **What Day Is It Today?**

きょうは
なんにちですか。

Objectives	Learning vocabulary regarding days and months	
Worksheets	Activities	p.42
	Transcript for TPR	p.43
Reference	Table of year, month, day and age	p.98

Activity I たんじょうび

メモ

Activity II このひはなんのひですか。

1. _____

2. _____

3. _____

Activity III

Ask your friends their birthday and age and complete the table below.

1. お名前（なまえ）は。
2. （お）たんじょうびはいつですか。
3. おいくつですか。/ なんさいですか。　＊　それは、ひみつです。

なまえ	たんじょうび	とし

Transcript for TPR

右手（みぎて）をあげてください。
右手をさげてください。
ペンをもってください。
ペンをおいてください。
たってください。
すわってください。
ここへきてください。
そこへいってください。
そこへもどってください。
右（みぎ）へいってください。
左（ひだり）へいってください。
前（まえ）へいってください。
後ろ（うしろ）へいってください。
ピアノ/ギターをひいてください。
カラオケでうたをうたってください。
テニス/バドミントン/ピンポン/サッカーをしてください。
しょくじをつくってください。
しょくじをしてください。
コーヒー/こうちゃ/ジュース/スープをのんでください。
新聞（しんぶん）/本（ほん）/ざっしをよんでください。
ねてください。
おきてください。
ラジオをきいてください。
テレビをみてください。

UNIT 9 Diary

カレンダー

Objectives
- Making real use of numerals relevant to student's life
- Practising Q & A about dates

44

[   ]

Sunday	Monday	Tuesday	Wednesday	Thursday	Friday	Saturday

[   ]

[ ]	[ ]	[ ]	[ ]	[ ]	[ ]	[ ]

[   ]

Sunday	Monday	Tuesday	Wednesday	Thursday	Friday	Saturday

Noun + です/でした

Tense	Affirmative	Negative
Present / General / Near future	です	ではありません
Past	でした	ではありませんでした

1. きょうは げつようびですか。
　　　　はい、（きょうは）げつようびです。
　　　　いいえ、（きょうは）げつようびではありません。

2. あした だいがくは やすみですか。
　　　　はい、（あした だいがくは）やすみです。
　　　　いいえ、（あした だいがくは）やすみではありません。

3. きのうは あなたの たんじょうびでしたか。
　　　　はい、（きのうは）わたしの たんじょうび でした。
　　　　いいえ、（きのうは）わたしの
　　　　　　　　たんじょうびでは ありませんでした。

4. せんしゅうは やすみでしたか。
　　　　はい、（せんしゅうは）やすみでした。
　　　　いいえ、（せんしゅうは）
　　　　　　　　やすみではありませんでした。

5. きょうはなんねん、なんがつ、なんにちですか。
　　　　きょうは＿＿＿＿ねん＿＿＿＿がつ＿＿＿＿にちです。

6. きのうは なんにちでしたか。

　　　　きのうは＿＿＿＿＿＿＿にちでした。

7. おとといは なんにちでしたか。

　　　　おとといは＿＿＿＿＿＿＿にちでした。

8. らいげつのついたちは なんようびですか。
　　　　＿＿＿＿＿＿＿＿＿＿です。

9. せんげつのとおかは なんようびでしたか。
　　　　＿＿＿＿＿＿＿＿＿＿でした。

10. きょねんは なんねんでしたか。
　　　　＿＿＿＿＿＿＿＿＿＿でした。

46

Verb ＋ ます/ました

Tense	Affirmative	Negative
Present / General / Near future	ます	ません
Past	ました	ませんでした

1. （あなたは*）きょう なんじごろ うちへ かえりますか。
　　　　_____ごろ かえります。

　　　　　　　　* In Japanese, the subject is often omitted unless necessary.

2. きょう うちで べんきょうしますか。
　　　はい、べんきょうします。
　　　いいえ、べんきょうしません。

3. あさごはんを たべましたか。
　　　はい、たべました。
　　　いいえ、たべませんでした。

4. せんしゅう えいがを みましたか。
　　　はい、みました。
　　　いいえ、みませんでした。

5. えいがは なにを みましたか。
　　　_____を みました。

6. やすみに どこへ いきましたか。
　　　_____へ いきました。

7. やすみに なにを しましたか。
　　　_____ました。

UNIT **10**   Recommending Places To Visit in Singapore

シンガポールの
みどころ

Objectives	• Learning expressions of asking for information about a place for a visit • Reviewing of adjectives	
Worksheets	Recommendation sheet	p.49
	A letter to your Japanese friend	p.50
Reference	Japanese Adjectives (1)	p.108
	Japanese Adjectives (2)	p.110

けんぶつ・かいもの・ナイトスポット　　(Circle the one you're doing)

（そこの） なまえはなんですか。	（だいがくから そこまで） なんで いきますか。	（そこで） なにをしますか。	（そこで おかねは） どのぐらい かかりますか。	（だいがくから そこまで、じかんは） どのぐらい かかりますか。	（そこは） どうですか。
					49

Activity てがみ

You've got a Japanese friend who is visiting Singapore in two weeks time. She's written to you to suggest you get together on Sunday. She's very much interested to know what you've planned for her.

Write a letter to her below about what she and you will do. Write the itinerary, using the recommendation sheet that you created in this unit.

のりこさんへ

おてがみ、ありがとう。

では、わたしのプランをかきます。

では、さらいしゅう、シンガポールであいましょう。

_____より

UNIT **11**

Mr. Suzuki's Parents in Singapore

すずきさんのおとうさんとおかあさん
のシンガポール旅行（りょこう）

なまえは なんですか。	なんで いきましたか。	なにを しましたか。	どうでしたか。

鈴木さんのお父さんとお母さんのシンガポール旅行

Name _____

Answer in Japanese:

1. すずきさんのおとうさんとおかあさんは いつシンガポールへきましたか。

2. すずきさんのおとうさんとおかあさんは にほんから なんできましたか。

3. 日本からシンガポールまで ひこうきでどのぐらいかかりましたか。

4. すずきさんのおとうさんとおかあさんは いつからいつまでシンガポールかんこうをしましたか。

5. すずきさんのおとうさんとおかあさんはどのぐらいシンガポールかんこうをしましたか。

6. 14日のよる、すずきさんたちはどこでしょくじをしましたか。

7. そこですずきさんたちはなにをのみましたか。なにをたべましたか。

8. ライブバンドのおんがくはどうでしたか。

9. リバーサイドポイントではなにをしましたか。

10. いつうちへかえりましたか。

すずきさんのおとうさんとおかあさんの
シンガポールりょこう

　１９９９年（せんきゅうひゃくきゅうじゅうきゅうねん）８月１４日（はちがつじゅうよっか）、金（きん）ようびのゆうがた、すずきさんのおとうさんとおかあさんが日本（にほん）からシンガポールへきました。
ひこうきできました。日本からシンガポールまで６時間半（ろくじかんはん）かかりました。
すずきさんのおとうさんとおかあさんは８月１４日から８月２９日（はちがつにじゅうくにち）まで、２週間（にしゅうかん）ぐらいシンガポールかんこうをしました。

＜すずきさんのにっき＞

８月１４日（金）

　きょう父（ちち）と母（はは）がシンガポールへきました。
　ばんごはんは、ラウ・パ・サへいっしょにいきました。ジュースをのみました。そして、ラクサとインドのカレーをたべました。たかくなかったです。やすかったです。
　それから、ラッフルズプレースの MRT のえきまであるいていきました。ボート・キーからクラーク・キーまでふねでいきました。７分（ななふん）ぐらいかかりました。
　クラーク・キーでライブバンドのおんがくをききました。すこしうるさかったです。しかし、たのしかったです。中国（ちゅうごく）のオペラを７時４５分（しちじよんじゅうごふん）から８時３０分（はちじさんじゅっぷん）までみました。中国語（ちゅうごくご）はやさしくなかったです。とてもむずかしかったです。
　リバーサイドポイントとクラーク・キーはあまりとおくなかったです。あるいていきました。リバーサイドポイントではビールをのみました。
　１０時半（じゅうじはん）ごろ、タクシーでうちへかえりました。
　今（いま）１１時半（じゅういちじはん）です。今からねます。

JAPANESE ADJECTIVES (2) – part 1

'-i (い)' or 'true' adjectives

Meaning	Dictionary form / Plain form	Present		Past	
		Affirmative -です	Negative -くないです	Affirmative -かったです	Negative -くなかったです
				Drop the final い from the dictionary form.	
hot	あつい	あついです	あつくないです	あつかったです	あつくなかったです
cold	さむい				
good*	いい	いいです	よくないです	よかったです	よくなかったです
bad	わるい	わるいです	わるくないです	わるかったです	わるくなかったです
interesting (funny)	おもしろい	おもしろいです	おもしろくないです	おもしろかったです	おもしろくなかったです
fun	たのしい	たのしいです	たのしくないです	たのしかったです	たのしくなかったです
near	ちかい	ちかいです			
far	とおい	とおいです	とおくないです	とおかったです	とおくなかったです
difficult	むずかしい	むずかしいです	むずかしくないです	むずかしかったです	むずかしくなかったです
easy	やさしい	やさしいです	やさしくないです	やさしかったです	やさしくなかったです
long	ながい	ながいです			
short	みじかい	みじかいです	みじかくないです	みじかかったです	みじかくなかったです
noisy	うるさい	うるさいです	うるさくないです	うるさかったです	うるさくなかったです

* Note the change in the present negative and the past form of 'good'. For example, the present negative of 'good' is 'よくないです'; NOT 'いいくないです'.

JAPANESE ADJECTIVES (2) - part 2

'-na (な)' or 'pseudo' adjectives

N.B. Na adjectives behave like nouns. Only the verb changes.

Meaning	Dictionary form /Plain form	Present Affirmative です	Present Negative では（じゃ）ありません	Past Affirmative でした	Past Negative では（じゃ）ありませんでした
quiet	しずか	しずかです	しずかではありません	しずかでした	しずかではありませんでした
beautiful	きれい	きれいです	きれいではありません	きれいでした	きれいではありませんでした
handsome	ハンサム				
famous	ゆうめいな	ゆうめいです	ゆうめいではありません	ゆうめいでした	ゆうめいではありませんでした

56

すずきさんのおとうさんとおかあさんの
　　　　　　　シンガポールりょこう

＜すずきさんのにっき＞

８月１５日（土）

UNIT 12　Where Is It?

どこにありますか
どこにいますか

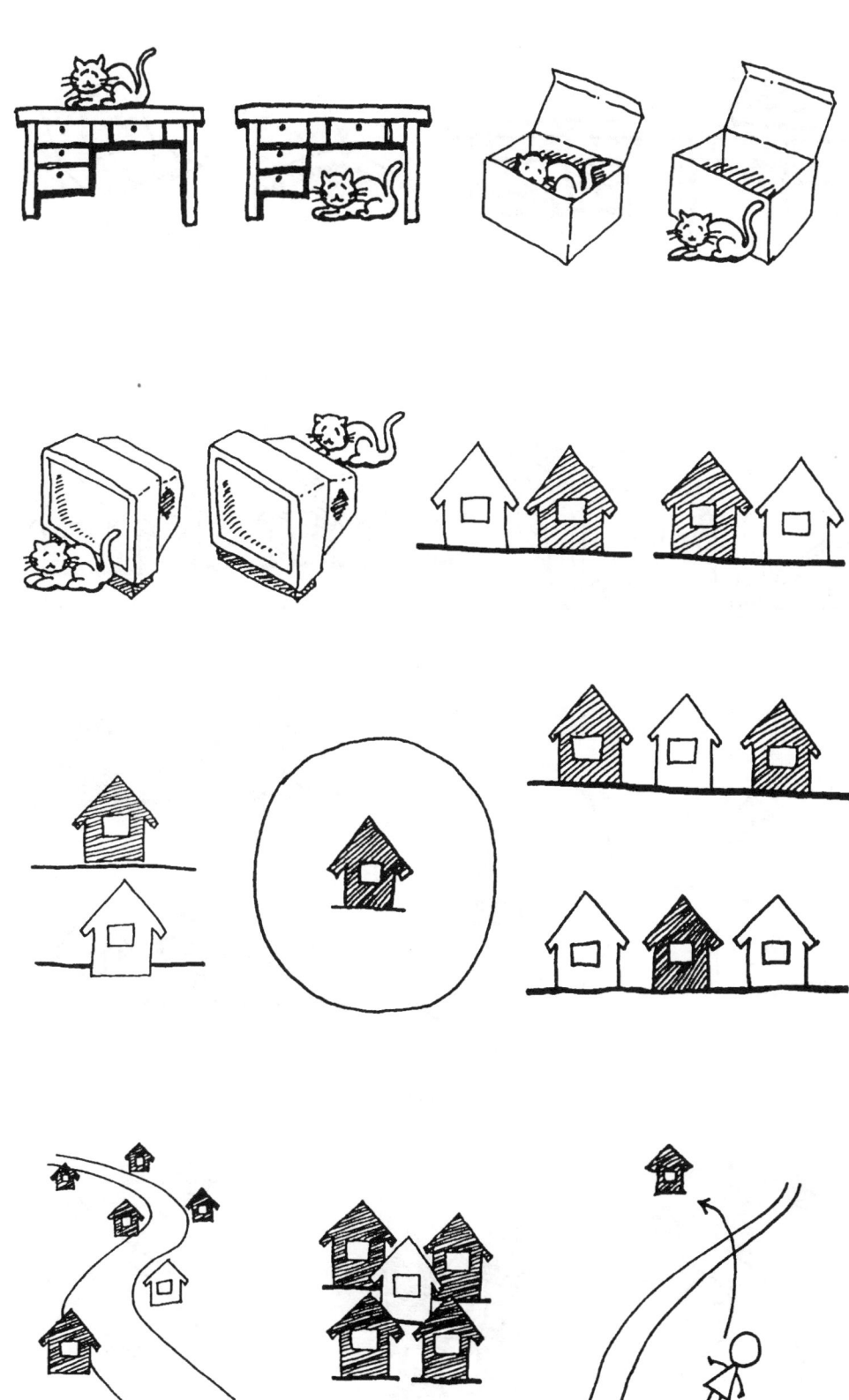

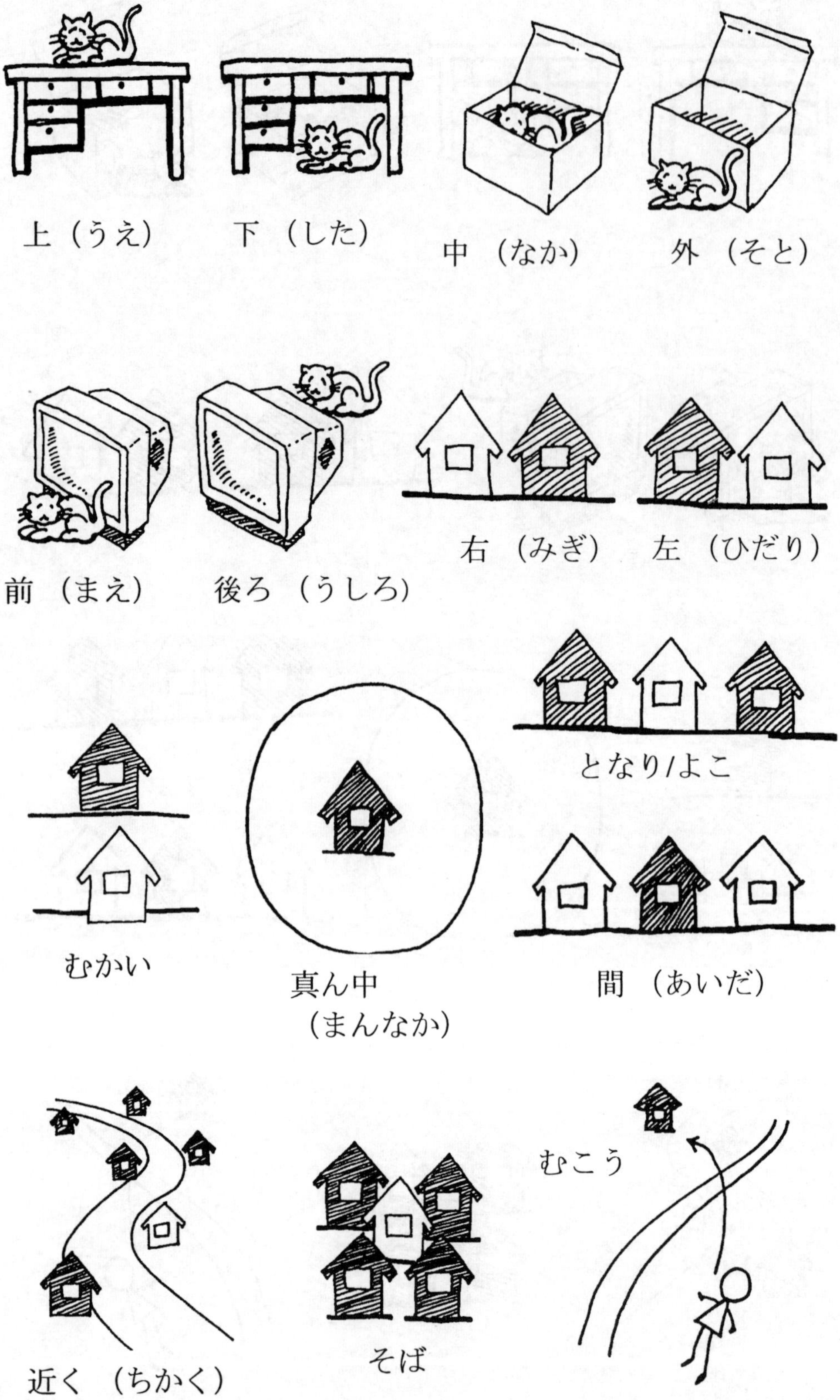

上（うえ）　　下（した）　　中（なか）　　外（そと）

前（まえ）　　後ろ（うしろ）　　右（みぎ）　　左（ひだり）

となり / よこ

むかい　　真ん中（まんなか）　　間（あいだ）

近く（ちかく）

そば

むこう

どこにいますか。どこにありますか。

つくえのうえにねこがいます。
つくえのしたにねこがいます。

はこのなかにねこがいます。
はこのそとにねこがいます。

テレビのまえにねこがいます。
テレビのうしろにねこがいます。

しろいうちのみぎにくろいうちがあります。
しろいうちのひだりにくろいうちがあります。

しろいうちのむかいにくろいうちがあります。

＿＿＿＿＿＿＿のまんなかにくろいうちがあります。

しろいうちのとなり/よこにくろいうちがあります。

しろいうちとしろいうちのあいだにくろいうちがあります。

しろいうちのちかくにくろいうちがあります。

しろいうちのそばにくろいうちがあります。

みちのむこうにくろいうちがあります。

UNIT 13　Singapore Bus Tour

シンガポール
バスツアー

Objectives	• Learning Expressions of "There is / are" affirmative / negative • Using adjectives to describe scenery	

62

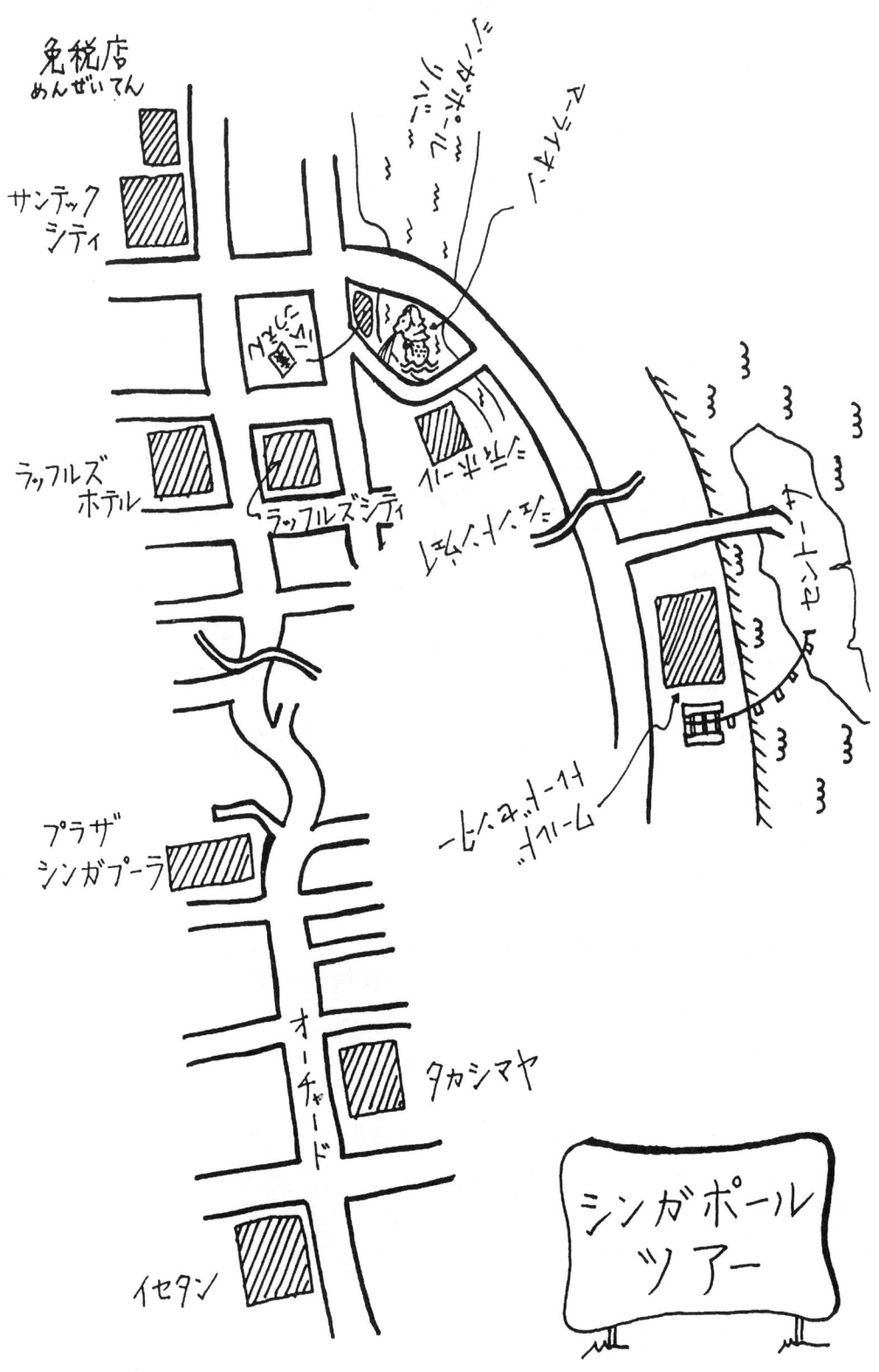

シンガポールバスツアー

みなさん、こちらへ来（き）てください。
おはようございます。シンガポールへようこそ。
私はツアーガイドの＿＿＿＿＿です。
きょうは、セントーサへ行（い）きます。
みなさん、あちらのバスにのってください。
では、出発（しゅっぱつ）します。

ここは、オーチャードです。
いろいろなショッピングセンターがあります。
左（ひだり）を見（み）てください。
伊勢丹（イセタン）があります。
伊勢丹の地下（ちか）に、日本のスーパーがあります。

右（みぎ）を見てください。右に高島屋（タカシマヤ）があ
ります。
高島屋の中（なか）に、日本のレストランがあります。
日本の本屋（ほんや）もあります。
この本屋に日本人のスタッフもいます。

左を見てください。
この新（あたら）しいビルは、プラザシンガプーラです。
ここには、前（まえ）、ヤオハンがありました。
いまは、ありません。
いまは、中に大丸（ダイマル）があります。

今（いま）私たちは交差点（こうさてん）にいます。
左を見てください。こちらはラッフルズホテルです。
このホテルはとても有名（ゆうめい）です。
中にブランドの店（みせ）がたくさんあります。

右を見てください。ラッフルズシティがあります。
ラッフルズシティの中（なか）にそごうがあります。

前（まえ）を見てください。
もうひとつ交差点（こうさてん）があります。
あの交差点のむこうにサンテックシティがあります。
そのよこに免税店（めんぜいてん）もあります。
このバスは、これから右へ行（い）きます。

みなさん、右を見てください。
シティホールがあります。
左を見てください。公園（こうえん）があります。
ここにマーライオンの像（ぞう）があります。
マーライオンはシンガポールのシンボルです。
あの大（おお）きいマーライオンの後（うし）ろに、
もうひとつ小（ちい）さいマーライオンがあります。

みなさん、ここはシェントンウェイです。
シェントンウェイは、オフィス街（がい）です。
シンガポールの会社（かいしゃ）だけではありません。
日本やアメリカやヨーロッパの会社もあります。

みなさん、左（ひだり）前（まえ）を見てください。
ここは、ワールドトレードセンターです。
ここからセントーサへ行きます。上（うえ）を見てください。
ケーブルカーがあります。
でも私たちはケーブルカーにのりません。
バスで行（い）きます。

はい、みなさん、セントーサにつきました。
バスをおりてください。こちらへ来（き）てください。
これからフリータイムです。
４時にまたここへ来てください。
それではみなさん、いってらっしゃい。

UNIT **14**   Map

ちず

Objective	Practising expressions of direction	
Worksheet	A map	p.67
	Script for the passage	p.68
Reference	List of counters	p.93

Activity ちず

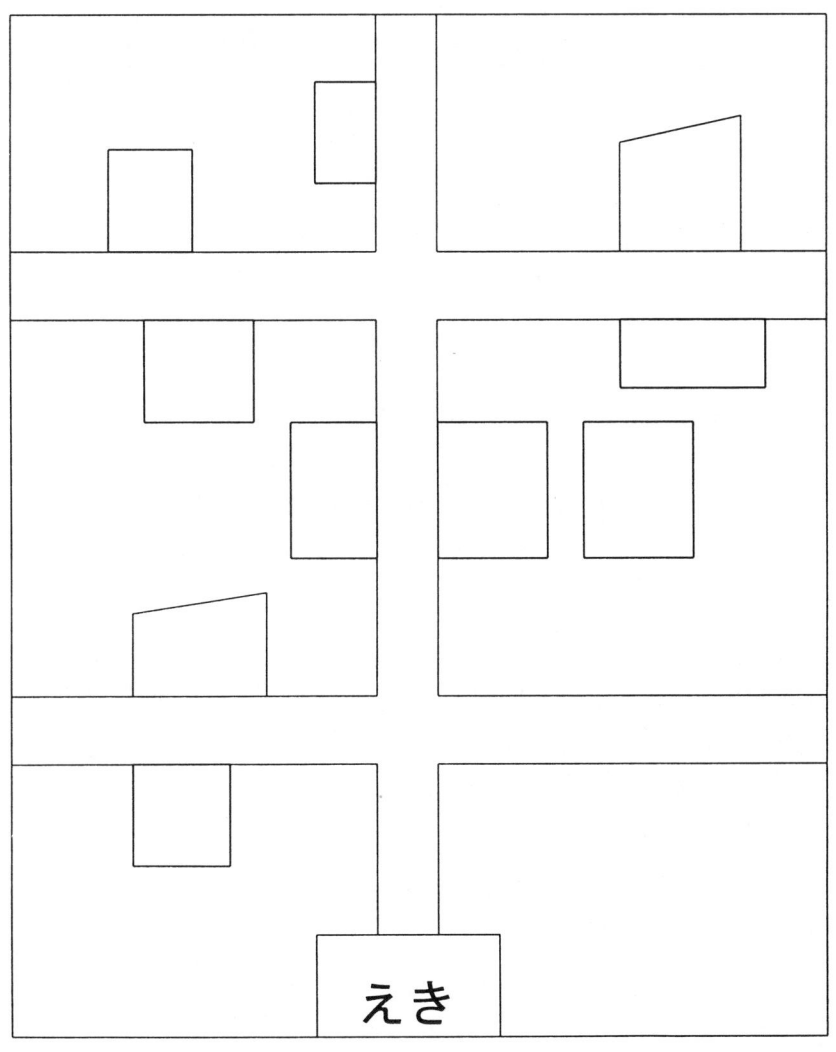

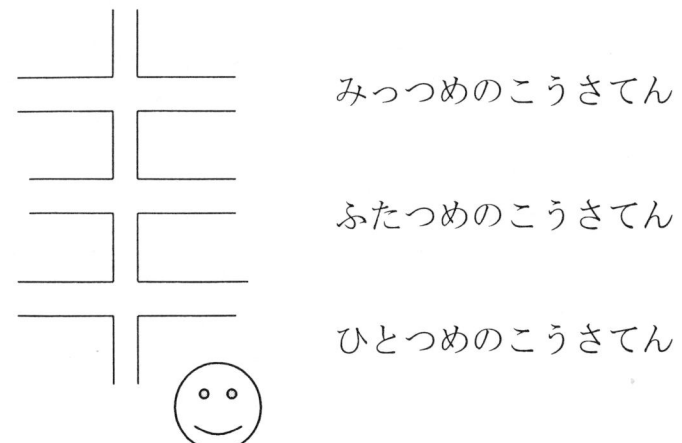

みっつめのこうさてん

ふたつめのこうさてん

ひとつめのこうさてん

地図（ちず）

あなたは今（いま）駅（えき）にいます。
北（きた）へ行（い）ってください。
交差点（こうさてん）があります。
西（にし）へ行ってください。
右に郵便局（ゆうびんきょく）があります。
左に銀行（ぎんこう）があります。
駅に戻（もど）ってください。

北へ行ってください。交差点があります。
もっと北へ行ってください。
右に病院（びょういん）があります。
その後（うし）ろに学校（がっこう）があります。
駅に戻ってください。

北へ行ってください。ひとつめの交差点があります。
もっと北へ行ってください。
ふたつめの交差点があります。
東（ひがし）へ行ってください。
左に図書館（としょかん）があります。
右にスーパーがあります。

UNIT 15 Face & Body

かおとからだ

Objective	Learning vocabulary of parts of the body and the face
Worksheet	Picture of parts of the body and the face p.70

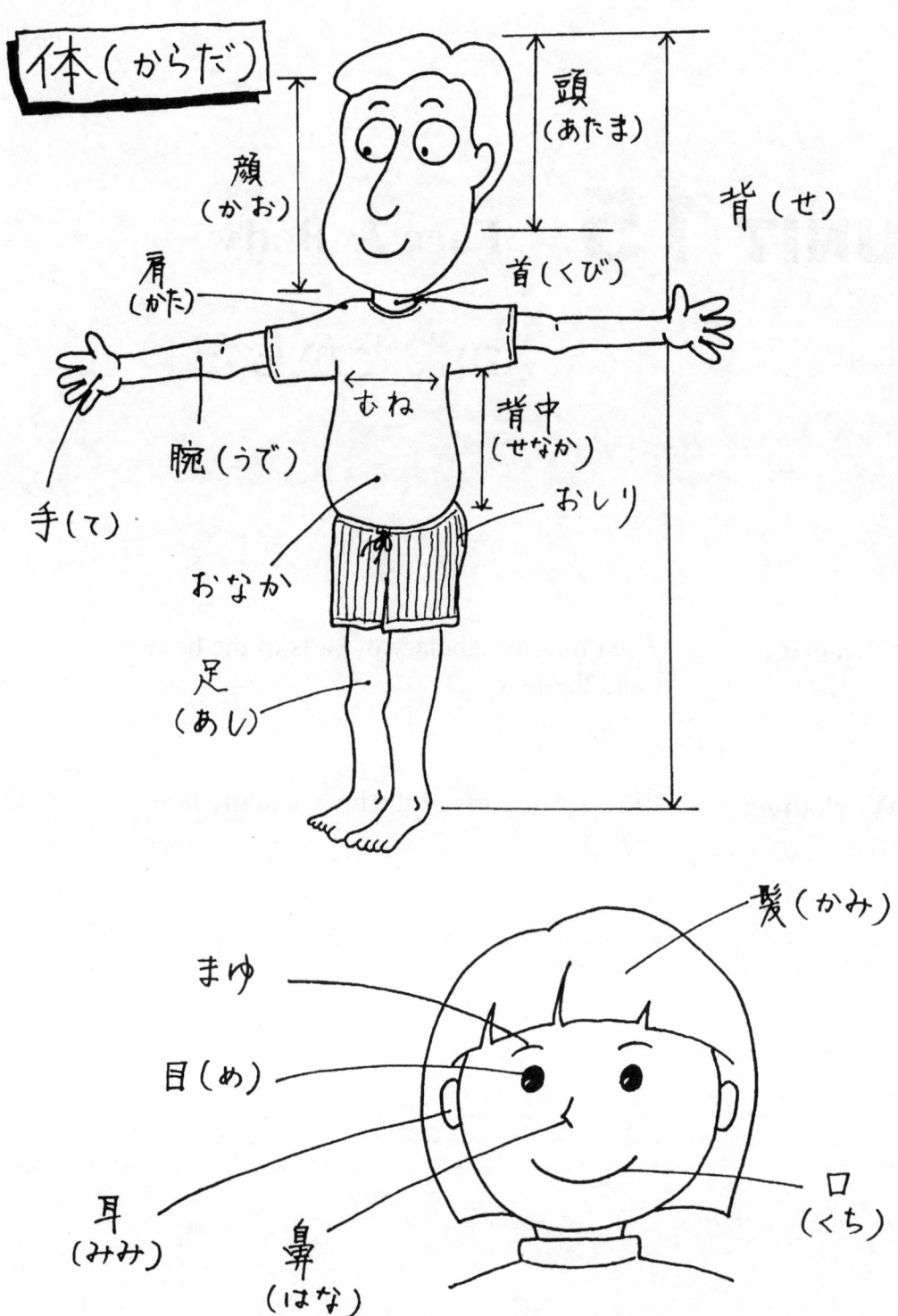

体（からだ）

頭（あたま）

顔（かお）

背（せ）

肩（かた）

首（くび）

むね

背中（せなか）

腕（うで）

おしり

手（て）

おなか

足（あし）

髪（かみ）

まゆ

目（め）

耳（みみ）

鼻（はな）

口（くち）

UNIT 16 Drawing Changes of Parts of the Body

からだのへんかのえ

Objectives
- Learning expressions of "have / has become"
- Reviewing adjectives
  past affirmative / negative

JAPANESE ADJECTIVES (3) – part 1

Adjectives are kinds of words which describe states or characteristics (e.g. 'big' as in 'a **big** car'; My car is **big**). Using reference sheets (1) and (2) on Japanese adjectives, you learned both affirmative and negative forms of the present and past.

In this reference sheet, let's learn how to express changes of state (e.g. He used to be short but he *has become tall* せがたかく<u>なりました</u>).

'-i （い）' or 'true' adjectives

Meaning	Dictionary form / Plain form	Change of State Drop the final い from the dictionary form.	
		become/will become ・・・くなります	**has become** ・・・くなりました
big	おおきい	おおきくなります	おおきくなりました
small	ちいさい		
tall　cf. high	(せが)たかい	たかくなります	たかくなりました
short　cf. low	(せが)ひくい		
heavy (weight)	おもい	おもくなります	おもくなりました
light (weight)	かるい	かるくなります	かるくなりました
interesting cf. funny	おもしろい	おもしろくなります	おもしろくなりました
extrovert cf. light/bright	あかるい	あかるくなります	あかるくなりました
introvert　cf. dark	くらい	くらくなります	くらくなりました
thick (large diameter)	ふとい	ふとくなります	ふとくなりました
thin (small diameter)	ほそい	ほそくなります	ほそくなりました
cute cf. sweet (person)	かわいい	かわいくなります	かわいくなりました
caring	やさしい	やさしくなります	やさしくなりました

JAPANESE ADJECTIVES (3) – part 2

'-na （な） ' or 'pseudo' adjectives

Meaning	Dictionary form / Plain form	Change of State に must be inserted at the end of dictionary form.	
		become/will become ・・・になります	has become ・・・になりました
quiet	しずか	しずかになります	しずかになりました
beautiful cf. pretty	きれい		
earnest cf. serious	まじめ	まじめになります	まじめになりました
handsome	ハンサム		

honest	しょうじき	しょうじきに
		        なります
			しょうじきに
			        なりました

romantic	ロマンチック	ロマンチックに
		        なります
			ロマンチックに
			        なりました

N.B.

Some researchers claim that the Japanese language has relatively few adjectives. In order to compensate, Japanese people often use 'noun' or 'noun + particle "no"'.

    e.g.   : those who possess money
                    a rich person. (おかねもち**の**ひと).
                    He is rich. (かれはおかねもちです).

73

れい）

顔(かお)は小(ちい)さかったです。
　　　　　→ 大(おお)きくなりました。

1）

2）

3）

4）

5）

UNIT 17　In My Dream

ゆめのなかで

Objective　　Confirming 'have / has become'

Worksheets　Drawing sheet　　　　　　　　p.76
Exercise sheet　　　　　　　p.77
Script of the passage　　　p.78

本当（ほんとう）のわたしはどうですか。

夢（ゆめ）の中（なか）のわたしはどうなりましたか。

Fill in the blanks below with the suitable words. You may refer to the text on page 78.

本当（ほんとう）のわたし	夢（ゆめ）の中（なか）のわたし
<れい> かおは小（ちい）さいです。	大（おお）きくなりました。
1．せは低（ひく）いです。	（　　　　　）なりました。
2．かみは長（なが）いです。	（　　　　　）なりました。
3．くちは小さくありません。	（　　　　　）なりました。
4．わたしはみみがあります。	みみが（　　　）なりました。
5．うでは短（みじか）いです。	（　　　　　）なりました。
6．あしは細（ほそ）くありません。	とても（　　　）なりました。
7．くつは古（ふる）いです。	（　　　　　）なりました。 そして、（　　　）なりました。

ゆめのなかで

私（わたし）は夢（ゆめ）を見（み）ました。

夢（ゆめ）の中（なか）で
私（わたし）の背（せ）は高（たか）くなりました。
そして、髪（かみ）は短（みじか）くなりました。
顔（かお）は大（おお）きくなりました。
目（め）も大（おお）きくなりました。
鼻（はな）は高（たか）くなりました。
口（くち）は小（ちい）さくなりました。
そして、大変（たいへん）！
耳（みみ）は口（くち）になりました。

それから、腕（うで）は長（なが）くなりました。
手（て）はとても大（おお）きくなりました。
それから、ウエストは太（ふと）くなりました。
そして大（おお）きいおなかになりました。
足（あし）はとても細（ほそ）くなりました。
それから、くつは新（あたら）しくなりました。
そして、くつはきれいになりました。

そして、、、、
朝（あさ）になりました。
ああ、良（よ）かったです。
全部（ぜんぶ）夢（ゆめ）でした。
私（わたし）は私（わたし）でした。

UNIT 18 What Kind of Person Is Your Ideal Boy/Girl Friend?

りそうのひとは
どんなひとですか

Objectives	• Reviewing adjectives • Learning how to put adjectives together
Worksheets	Research sheet p.80 How to connect two adjectives p.81
Reference	Adjectives (3) p.112

りそうの恋人 (こいびと)

	おとこのひと		おんなのひと	
	い adjectives	な adjectives	い adjectives	な adjectives
Appearance				
Character				

How to Connect Two Adjectives

い **adjectives:**   Take away い and connect with くて

e.g. やさしい人＋かわいい 人＝やさしくてかわいい人

な **adjectives:**   Take away な and connect with で

e.g. しずかな人＋ハンサムな人＝しずかでハンサムな人

Combination of い adjectives and な adjectives

Find what the rule is.

やさしい人＋ハンサムな人＝やさしくてハンサムな人

ハンサムな人＋やさしい人 ＝ハンサムでやさしい人

しずかな人＋かわいい 人＋おもしろい人
　　　　　　＝しずかで、かわいくて、おもしろい人

Write a sentence describing your ideal boy/girlfriend.

His/Her Appearance

_____

His/Her Character

_____

81

REFERENCE SECTION

Useful Expressions

List of Useful Classroom Japanese

	Meaning	*Japanese*
Greetings	Good morning Good afternoon / Hello Good evening Let's begin. Let's have a break. This is all for today. Good bye See you Thank you. (present) Thank you. (past)	おはようございます。 こんにちは。 こんばんは。 はじめましょう。 きゅうけいに しましょう。 おわります。／ おわりましょう。 さようなら。 では（じゃ）、また。 ありがとうございます。 ありがとうございました。
Requests	Excuse me but…. Could you please speak more slowly? Could you please repeat once again? Please wait (for a moment)	すみませんが…。 もうすこし、ゆっくり おねがいします。 もういっかい、おねがいします。 もういちど、おねがいします。 (少し)まってください。
Teacher's instructions	Please stand up. Please sit down. Please come here. Please return to your seat. Please open your books. Please open at page – Please listen … Please look … Please think … Please guess … Please repeat after me. Please write … What does this mean? Do you understand? Yes. / No.	たってください。 すわってください。 ここに きてください。 せきにもどってください。 ほんを ひらいてください。 ―ページをひらいてください。 きいてください。 みてください。 かんがえてください。 あててください。 いってください。 かいてください。 いみはなんですか。 わかりますか。 はい。 ／ いいえ。

かぞくのメンバー (Family Members)

English Equivalent	My family		Other's family	
family	kazoku	かぞく	go-kazoku	ごかぞく
grandfather	sofu	そふ	o-jii-san	おじいさん
grandmother	sobo	そぼ	o-baa-san	おばあさん
father	chichi	ちち	o-too-san	おとうさん
mother	haha	はは	o-kaa-san	おかあさん
elder brother	ani	あに	o-nii-san	おにいさん
elder sister	ane	あね	o-nee-san	おねえさん
younger brother	otooto	おとうと	otooto-san	おとうとさん
younger sister	imooto	いもうと	imooto-san	いもうとさん
husband & wife	fuufu	ふうふ	go-fuufu/ go-fusai	ごふうふ ごふさい
husband	shujin / otto	しゅじん*/ おっと	go-shujin	ごしゅじん
wife	kanai/ tsuma	かない**/ つま	oku-san	おくさん
parents	ryooshin	りょうしん	go-ryooshin	ごりょうしん
children	kodomo	こども	o-ko-san	おこさん
brothers (& sisters)	kyoodai	きょうだい	go-kyoodai	ごきょうだい
sisters	shimai	しまい		
son(s)	musuko	むすこ	musuko-san	むすこさん
daughter(s)	musume	むすめ	musume-san	むすめさん

N.B. Are Japanese husbands masters of wives??
Shujin* means literally '(my) master', while kanai** means '(my woman inside the house'. The Japanese younger generation seem to prefer to use the less sexist terms otto and tsuma to refer respectively to husband and wife.

しょくぎょう (Occupations)

えいご	にほんご	
teacher	きょうし	Kyooshi
student	がくせい	gakusee
company employee	かいしゃいん	kaishain
company president	しゃちょう	shachoo
housewife	しゅふ	shufu
civil servant	こうむいん	koumuin
owner (of a shop)	（みせの）オーナー	(mise no) oonaa
doctor	いしゃ	isha
nurse	かんごふ	kangofu
driver	うんてんしゅ	untenshu
designer	デザイナー	dezainaa
stewardess	スチュワーデス	suchuwaadesu
manager	マネージャー	maneejyaa

国（くに）/ 人（ひと）/ 言語（げんご）
(Countries, People, Languages)

	くに	ひと	げんご
Japan	にほん （にっぽん）	にほん<u>じん</u> （にっぽん<u>じん</u>）	にほん<u>ご</u>
England	イギリス （えいこく）	イギリスじん （えいこくじん）	えいご
America	アメリカ	アメリカじん	えいご
Australia	オーストラリア	オーストラリアじん	えいご
China	ちゅうごく	ちゅうごくじん	ちゅうごくご
Malaysia	マレーシア	マレーシアじん	マレーご
India	インド	インドじん	タミールご*
Singapore	シンガポール	シンガポールじん	えいご ちゅうごくご マレーご タミールご
Thailand	タイ	タイじん	タイご
Indonesia	インドネシア	インドネシアじん	インドネシア ご**

* More languages are spoken in India.
** Slightly different from the language spoken in Malaysia.

Our City　　わたしたちのまち　　Part1

MRT の駅（えき）

City Hall	シティホール	Bugis	ブギス
Raffles Place	ラッフルズプレース	Lavender	ラベンダー
		Kallang	カラン
Marina Bay	マリーナベイ	Aljunied	アルジュニード
		Paya Lebar	パヤレバ
Dhoby Ghaut	ドービーゴート	Eunos	ユーノス
Somerset	サマセット	Kembangan	ケンバンガン
Orchard	オーチャード	Bedok	ベドック
Newton	ニュートン	Tanah Merah	タナメラ
Novena	ノベナ	Simei	シメイ
Toa Payoh	トアパヨー	Tampines	タンピネス
Braddell	ブラッデル	Pasir Ris	パシルリス
Bishan	ビシャン		
Ang Mo Kio	アンモキオ	Tanjong Pagar	タンジョンパガー
Yio Chu Kang	ヨーチューカン	Outram Park	オートラムパーク
Khatib	カティフ	Tiong Bahru	ティオンバル
Yishun	イーシュン	Redhill	レッドヒル
Sembawang	センバワン	Queenstown	クイーンズタウン
Admiralty	アドミラルティ	Commonwealth	コモンウェルス
Woodlands	ウッドランズ	Buona Vista	ブオナビスタ
		Clementi	クレメンティ
Marsiling	マーシリング	Jurong East	ジュロンイースト
Kranji	クランジ	Chinese Garden	チャイニーズ ガーデン
Yew Tee	ユーティー	Lakeside	レイクサイド
Choa Chu Kang	チョアチューカン	Boon Lay	ブーンレイ
Bukit Gombak	ブキゴンバック		
Bukit Batok	ブキバトック		

Our City　　わたしたちのまち　　Part 2

museum	はくぶつかん
Art Museum	びじゅつかん
Zoo	どうぶつえん
Night Safari	ナイト サファリ
Juron Bird Park	ジュロン バード パーク
Botanic Garden	しょくぶつえん
Sentosa	セントーサ
Underwater World	アンダー ウォーター ワールド
Musical Fountain	ミュージカル ファウンテン
Fantasy Island	ファンタジー アイランド
beach	ビーチ
cable car	ケーブルカー
ferry	フェリー
bus	バス
monorail	モノレール
Boat Quay	ボート キー
Clark Quay	クラーク キー
Robertson Quay	ロバートソン キー
pub	パブ
disco	ディスコ
club	クラブ
Haw Par Villa	ホー パー ビラ
Orchard	オーチャード
China Town	チャイナ タウン
Little India	リトル インディア
Malay Village	マレー ヴィレッジ
Arab Street	アラブ ストリート
East Coast Parkway	イースト コースト パークウェイ
Pasir Ris	パシル リス

Demonstrative words

	Near speaker こ〜	Near listener そ〜	Distant from both あ〜	Question word ど〜
pronoun	This one これ	That one それ	That one over there あれ	Which one? どれ
noun modifier	This – この-	That – その-	That - over there あの-	Which -? どの-
location pronoun	Here ここ	There そこ	Over there あそこ	Where? どこ

Interrogatives

English meaning	Japanese	English meaning	Japanese
What	なに	Which one	どれ
What time	なんじ	Which + noun	どの + noun
What day(month)	なんにち	How	どう
What day (week)	なんようび	How much	いくら
What kind of-	どんな	How many (people)	なんにん
When	いつ	Who	だれ
Where	どこ	Whose	だれの

きのう ／ きょう ／ あした

	日 （ひ）	週 （しゅう）	月 （つき）	年 （とし）
before last	おととい	せんせんしゅう	せんせんげつ	おととし
	一昨日	先々週	先々月	一昨年
last...	きのう	せんしゅう	せんげつ	きょねん
	昨日	先週	先月	去年
current present	きょう	こんしゅう	こんげつ	ことし
	今日	今週	今月	今年
next...	あした	らいしゅう	らいげつ	らいねん
	明日	来週	来月	来年
after next	あさって	さらいしゅう	さらいげつ	さらいねん
	明後日	再来週	再来月	再来年
every...	まいにち	まいしゅう	まいつき	まいとし
	毎日	毎週	毎月	毎年

* every Monday....　　まいしゅうげつようび
　　　　　　　　　　　not　まいげつようび

Time particle 「に」

六時（ろくじ） 月よう日（げつようび） 七月一日（しちがつついたち） １９９９年（せんきゅうひゃく 　　　　　きゅうじゅうきゅうねん） やすみのひ なつやすみ なんじ / なんようび / なんがつ / なんねん	に	べんきょう 　します（か）
六時ごろ 七月一日ごろ はる / なつ / あき / ふゆ	（に）	
きょう / こんしゅう / こんげつ / ことし あさ / ひる / ゆうがた / よる まいにち / まいしゅう / まいつき / まいとし ときどき <u>にじかん / ふつか / にかげつ / にねん</u> 　　　　　　　　　（＋ぐらい） いつ		

Counters (1)

	objects in general	1	ひとつ	いくつ
		2	ふたつ	
		3	みっつ	
		4	よっつ	
		5	いつつ	
		6	むっつ	
		7	ななつ	
		8	やっつ	
		9	ここのつ	
		10	とお	

Counters (2)

	Nature of Objects	Counter	Irregular Forms		Question form
	flat thin objects	まい			なんまい
	vehicle, electrical goods	だい			なんだい
	long thin objects	ほん	1	いっぽん	なんほん なんぼん
			3	さんぼん	
			6	ろっぽん	
			8	はっぽん	
			10	じっぽん	
	animals	ひき	1	いっぴき	なんはい なんびき
			3	さんびき	
			6	ろっぴき	
			8	はっぴき	
			10	じっぴき	
	a glassful of or cupful of liquid	はい	1	いっぱい	なんはい なんばい
			3	さんばい	
			6	ろっぱい	
			8	はっぱい	
			10	じっぱい	
	volume of book	さつ	1	いっさつ	なんさつ
			8	はっさつ	
			10	じっさつ	
	floor	かい	1	いっかい	なんかい なんがい
			3	さんがい	
			6	ろっかい	
			8	はっかい	
			10	じっかい	
	people	にん	1	ひとり	なんにん
			2	ふたり	

Numerals

すうじ　　Numerals

0		れい、ゼロ
1	一	いち
2	二	に
3	三	さん
4	四	し、よん、（よー）
5	五	ご
6	六	ろく
7	七	しち、なな
8	八	はち
9	九	く、きゅう
10	十	じゅう
11	十一	じゅういち
12	十二	じゅうに
13	十三	じゅうさん
14	十四	じゅうし、じゅうよん、（じゅうよー）
15	十五	じゅうご
16	十六	じゅうろく
17	十七	じゅうしち、じゅうなな
18	十八	じゅうはち
19	十九	じゅうく、じゅうきゅう
20	二十	にじゅう

10	十	じゅう
20	二十	にじゅう
30	三十	さんじゅう
40	四十	よんじゅう
50	五十	ごじゅう
60	六十	ろくじゅう
70	七十	ななじゅう
80	八十	はちじゅう
90	九十	きゅうじゅう

100	百	ひゃく
200	二百	にひゃく
300	三百	さんびゃく
400	四百	よんひゃく
500	五百	ごひゃく
600	六百	ろっぴゃく
700	七百	ななひゃく
800	八百	はっぴゃく
900	九百	きゅうひゃく

1000	千	せん
2000	二千	にせん
3000	三千	さんぜん
4000	四千	よんせん
5000	五千	ごせん
6000	六千	ろくせん
7000	七千	ななせん
8000	八千	はっせん
9000	九千	きゅうせん

10000	一万	いちまん
20000	二万	にまん
30000	三万	さんまん
40000	四万	よんまん
50000	五万	ごまん
60000	六万	ろくまん
70000	七万	ななまん
80000	八万	はちまん
90000	九万	きゅうまん
100000	十万	じゅうまん

じかん

	Hour　じ	Minute　ふん / ぷん
1	いちじ	いっぷん
2	にじ	にふん
3	さんじ	さんぷん
4	**よじ**	よんぷん
5	ごじ	ごふん
6	ろくじ	ろっぷん
7	**しちじ**	ななふん
8	はちじ	はっぷん
9	**くじ**	きゅうふん
10	じゅうじ	じゅっぷん / じっぷん
11	じゅういちじ	じゅういっぷん
12	じゅうにじ	じゅうにふん
?	なんじ	なんぷん

	Minute
10	じゅっぷん
20	にじゅっぷん
30	さんじゅっぷん　/　はん
40	よんじゅっぷん
50	ごじゅっぷん
60	ろくじゅっぷん

れい

1：30　いちじさんじゅっぷん　/　いちじはん
4：15　よじじゅうごふん
7：40　しちじよんじゅっぷん
9：55　くじごじゅうごふん

Year, Month, Day, and Age
日付（ひづけ）とねんれい

	年（ねん）	月（がつ）	日（にち）	とし　（さい）
1	いちねん	いちがつ	ついたち	いっさい
2	にねん	にがつ	ふつか	にさい
3	さんねん	さんがつ	みっか	さんさい
4	よねん	しがつ	よっか	よんさい
5	ごねん	ごがつ	いつか	ごさい
6	ろくねん	ろくがつ	むいか	ろくさい
7	しちねん ななねん	しちがつ	なのか	ななさい
8	はちねん	はちがつ	ようか	はっさい
9	きゅうねん くねん	くがつ	ここのか	きゅうさい
10	じゅうねん	じゅうがつ	とおか	じゅっさい じっさい
11	じゅういちねん	じゅう 　　いちがつ	じゅういちにち	じゅういっさい
12	じゅうにねん	じゅう 　　にがつ	じゅうににち	じゅうにさい
14	じゅうよねん		じゅうよっか	じゅうよんさい
17	じゅうしちねん じゅうななねん		じゅうしちにち	じゅうななさい
18	じゅうはちねん		じゅうはちにち	じゅうはっさい
19	じゅうきゅうねん じゅうくねん		じゅうくにち	じゅうきゅう 　　　　さい
20	にじゅうねん		はつか	はたち
?	なんねん 　　　何年	なんがつ 　　何月	なんにち 　　何日	なんさい 　　　　何才

Verbs

6 FORMS OF JAPANESE VERBS

JAPANESE ACTION VERBS

conditional form

nai-form

volition form

Masu-form

This is an extremely important polite conversational form of action verbs.

Masu-form has present affirmative (-masu) and negative (-masen).

Masu-form also has past affirmative (-mashita) and negative (-masendeshita)

Plain Present /Dictionary Form

This form is a fundamental form. If you want to find out the meaning of a Japanese verb in your dictionary, you have to look up this form.

This form is used in casual conversation and in diary and in expository writing.

Te-form

Te-form is extremely useful form because it can be used to ask someone politely to do something by adding 'kudasai'.

Te-form is also used to express continuous actions and to ask for permission.

Verb List
Dictionary form and Te-form

Group I Verb   *-u verb*

Dictionary form (Plain Present)		-te form -*i*te いて　　（ください） -ide いで　　（ください） -*n*de んで　　（ください） -*tt*e って　　（ください）			Meaning
hira*k*u	ひらく	-*i*te いて	**hira***i*te	ひらいて	open
ki*k*u	きく		**ki***i*te	きいて	listen
ka*k*u	かく		**ka***i*te	かいて	write
o*k*u	おく		**o***i*te	おいて	put down
hana*s*u	はなす		**hanashi**te	はなして	talk
oyo*g*u	およぐ	-*i*de いで	**oyo***i*de	およいで	swim
musu*b*u	むすぶ	-*n*de んで	**musu***n*de	むすんで	clasp, fold, tie
*yo*m*u*	よむ		**yo***n*de	よんで	read
no*m*u	のむ		**no***n*de	のんで	drink
shi*n*u	しぬ		**shi***n*de	しんで	die
ma*ts*u	まつ	-*tt*e って	**ma***t*te	まって	wait
u*ts*u	うつ		**u***t*te	うって	beat, clap
ta*ts*u	たつ		**ta***t*te	たって	stand
iu	いう		**i***t*te	いって	say
kae*r*u	かえる		**kae***t*te	かえって	go back (home)

Group II Verb   *-ru verb*

Dictionary form (Plain Present)		-te form -te て　　（ください）		Meaning
ageru	あげる	**age**te	あげて	raise
sageru	さげる	**sage**te	さげて	put down
taberu	たべる	**tabe**te	たべて	eat
miru	みる	**mi**te	みて	see, watch

Group III   *Irregular verb*

Dictionary form (Plain Present)		-te form -te て　　（ください）		Meaning
suru	する	**shi**te	して	do
kuru	くる	**ki**te	きて	come

101

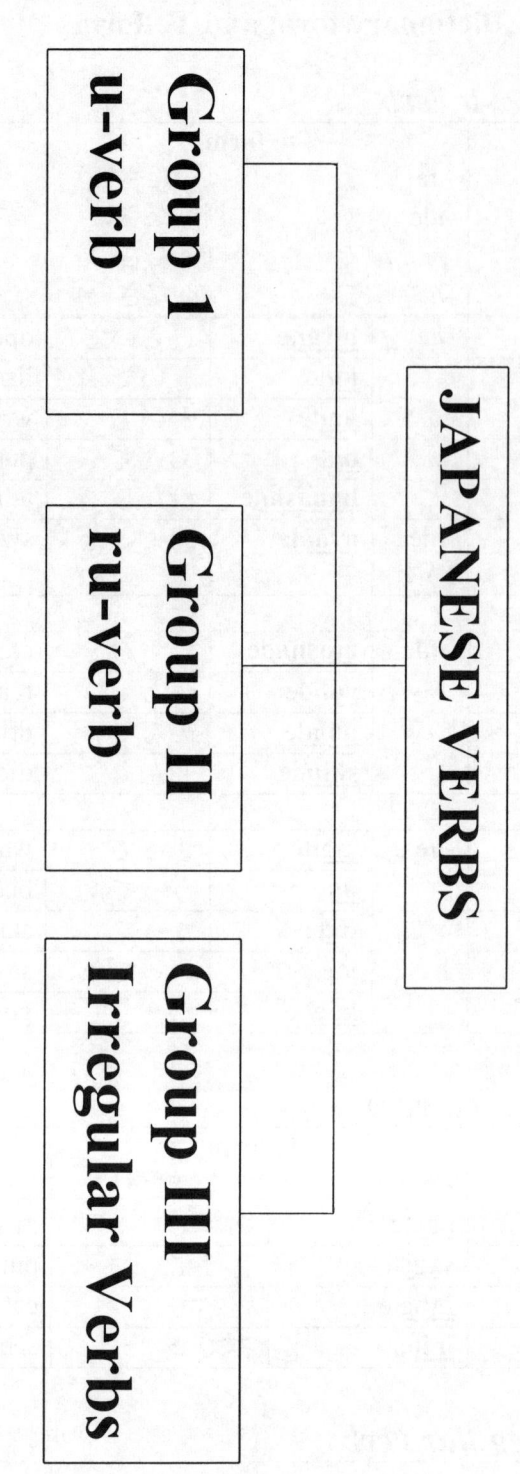

POLITE (ます) FORM OF VERBS (1)

U-Verb / Group I verb

English Meaning	Plain Present (Dictionary Form)	Root	て-form	Present Polite Affirmative Root+i+ます	Present Polite Negative Root + i + ません	Past Polite Affirmative Root + i + ました	Past Polite Negative Root + i + ませんでした
				See next page			
listen	きく kiku	kik	いて きいて	ききます	ききません	ききました	ききませんでした
write	かく	kak	かいて	かきます	かきません	かきました	かきませんでした
open	ひらく	hirak	ひらいて	ひらきます	ひらきません	ひらきました	ひらきませんでした
put down	おく	ok	おいて	おきます	おきません	おきました	おきませんでした
play *	ひく	hik	ひいて	ひきます	ひきません	ひきました	ひきませんでした
go	いく	ik	・いって**	いきます	いきません	いきました	いきませんでした
clasp	むすぶ musubu	musub	んで むすんで	むすびます	むすびません	むすびました	むすびませんでした
read	よむ	yom	よんで	よみます	よみません	よみました	よみませんでした
drink	のむ	nom	のんで	のみます	のみません	のみました	のみませんでした
clap	うつ utsu	uts	って うって	うちます	うちません	うちました	うちませんでした
stand	たつ	tats	たって	たちます	たちません	たちました	たちませんでした
sit	すわる	suwar	すわって	すわります	すわりません	すわりました	すわりませんでした
make,cook	つくる	tsukur	つくって	つくります	つくりません	つくりました	つくりませんでした
sing	うたう	uta(w)	うたって	うたいます	うたいません	うたいました	うたいませんでした
say	いう	i(w)	いって	いいます	いいません	いいました	いいませんでした

* play the musical instruments.

** て form of いく is not いいて but いって

103

Conjugation of Group 1 Verbs

Verb Root	k	g	s	t	r	w	n	m	b
ない form	か	が	さ	た	ら	わ	な	ま	ば
ます form	**き**	**ぎ**	**し**	**ち**	**り**	**(い)**	**に**	**み**	**び**
Dictionary form	く	ぐ	す	つ	る	(う)	ぬ	む	ぶ
Conditional form	け	げ	せ	て	れ	(え)	ね	め	べ
Volitional form	こ	ご	そ	と	ろ	(お)	の	も	ぼ
て form	いて	いで	して	って	って	って	んで	んで	んで

<れい>

かく　(write)　　Dictionary form　⇒　かく

　　　　　　　　　ます form　⇒　かきます

Write masu form of each verb below:

よむ　(read)　　　　　よみます

うたう　(sing)　　　　うたいます

つくる　(make/cook)　つくります

104

POLITE (ます) FORM OF VERBS (2)

Ru-Verb / Group II verb

English Meaning	Plain Present (Dictionary Form)		Root	て form Root+て	Present Polite		Past Polite	
					Affirmative Root+ます	Negative Root＋ません	Affirmative Root＋ました	Negative Root＋ませんでした
raise	あげる ageru		age	あげて	あげます	あげません	あげました	あげませんでした
lower	さげる		sage	さげて	さげます	さげません	さげました	さげませんでした
eat	たべる		tabe	たべて	たべます	たべません	たべました	たべませんでした
go to bed	ねる		ne	ねて	ねます	ねません	ねました	ねませんでした
get up	おきる		oki	おきて	おきます	おきません	おきました	おきませんでした
watch, look	みる		mi	みて	みます	みません	みました	みませんでした

105

POLITE （ます）　FORM OF VERBS (3)

Irregular Verbs / Group III verb

English Meaning	Plain Present (Dictionary Form)	Root	て form	Present Polite		Past Polite	
				Affirmative +ます	Negative +ません	Affirmative +ました	Negative +ませんでした
come	くる		きて	きます			
do	する		して	します			
study	べんきょうする						
N を する							
do a homework	しゅくだいをする						
dine	しょくじをする						
play tennis	テニスをする						
play badminton	バドミントンをする						
play ping pong	ピンポンをする						
hold a party	パーティーをする						
date	デートをする						

Adjectives

JAPANESE ADJECTIVES (1)
い adjectives & な adjectives

Adjectives are kinds of words which describe states or characteristics. There are two usages for adjectives:

Usage 1:   'big' as in 'a **big** car'

Usage 2:   My car is **big**.

Japanese adjectives can be mainly divided into two groups: so-called '-i （い）' or 'true' adjectives and '-na （な）' or 'pseudo' adjectives. Whenever you come across a new adjective, try to remember which group it belongs to, since each kind behaves in quite different ways. Compare the differences in the table below:

Characteristics	*い adjectives*	*な adjectives*
Origin / Ending	By far the majority of Japanese adjectives fall into this group. All the group members end in 'い'. 　　e.g. おおき<u>い</u>、ちいさ<u>い</u> That is why this group of adjectives called い *adjective*.	The adjectives falling into this group are usually Chinese- or Western- derived words. The ending letters of this group of adjectives are not fixed. e.g.しんせ<u>つ</u>、ハンサ<u>ム</u>
Usage N.B. There are two usages!	① e.g. ちいさいうち 　　　(a small house) わたしのうちは 　　　ちいさいうちです。 い *adjectives* can be joined directly to nouns when they modify a noun.	① e.g. ハンサムなひと 　　　(a handsome person) わたしのちちは 　　　ハンサムなひとです。 The linking words 'な' must be inserted at the end when they modify a noun. That is why this group of adjectives is called な *adjective*.
	② e.g. わたしのうちは 　　　ちいさいです。 In this usage of い adjectives, you need to be careful how the ending changes. See the next page.	② e.g.わたしのちちは 　　　ハンサムです。 In this usage of な adjectives, な adjectives themselves do not change. Only です change their endings.

JAPANESE ADJECTIVES (1)
Changes of negative forms

'-i （い） ' or 'true' adjectives

Just like verbs, い adjectives have special negative forms. These forms can be made by dropping the final 'い' from the present ('dictionary' form) and adding different endings. See the table below.

e.g. わたしのうちはちいさい<u>です</u>。
　　 わたしのうちはちいさく<u>ない</u>です。

Meaning	Dictionary form	Present affirmative −です	Present Negative Drop the final い -くないです
big	おおきい	おおきいです	おおき<u>く</u>ないです
small	ちいさい	ちいさいです	ちいさ<u>く</u>ないです
new	あたらしい	あたらしいです	あたらし<u>く</u>ないです
old	ふるい	ふるいです	ふる<u>く</u>ないです
high / expensive	たかい	たかいです	たか<u>く</u>ないです
low	ひくい	ひくいです	ひく<u>く</u>ないです
cheap	やすい	やすいです	やす<u>く</u>ないです
light/bright	あかるい	あかるいです	あかる<u>く</u>ないです
dark	くらい	くらいです	くら<u>く</u>ないです

'-na （な） 'or 'pseudo' adjectives

な adjectives behave like nouns and their forms do not change in the negative or past. Instead the verb desu changes for them. See the table of changes below.

e.g. わたしのちちはハンサム<u>です</u>。
　　 わたしのちちはハンサム<u>ではありません</u>。

Meaning	Dictionary form	Present （です）	Present Negative （では ありません） （じゃ ありません）
kind	しんせつ	しんせつです	しんせつではありません
pretty	きれい*	きれいです	きれいではありません
hansamu	ハンサム	ハンサムです	ハンサムではありません

*きれい ends in い but it came from Chinese and belongs to な
adjective not い adjective.

JAPANESE ADJECTIVES (2) – part 1

'-i (い) ' or 'true' adjectives

Meaning	Dictionary form / Plain form	Present		Past	
		Affirmative -です	Negative -くないです	Affirmative -かったです	Negative -くなかったです
				Drop the final い from the dictionary form.	
hot	あつい	あついです	あつくないです	あつかったです	あつくなかったです
cold	さむい	さむいです	さむくないです	さむかったです	さむくなかったです
good*	いい	いいです	よくないです	よかったです	よくなかったです
bad	わるい	わるいです	わるくないです	わるかったです	わるくなかったです
interesting (funny)	おもしろい	おもしろいです	おもしろくないです	おもしろかったです	おもしろくなかったです
fun	たのしい	たのしいです	たのしくないです	たのしかったです	たのしくなかったです
near	ちかい	ちかいです	ちかくないです	ちかかったです	ちかくなかったです
far	とおい	とおいです	とおくないです	とおかったです	とおくなかったです
difficult	むずかしい	むずかしいです	むずかしくないです	むずかしかったです	むずかしくなかったです
easy	やさしい	やさしいです	やさしくないです	やさしかったです	やさしくなかったです
long	ながい	ながいです	ながくないです	ながかったです	ながくなかったです
short	みじかい	みじかいです	みじかくないです	みじかかったです	みじかくなかったです
noisy	うるさい	うるさいです	うるさくないです	うるさかったです	うるさくなかったです

* Note the change in the present negative and the past form of 'good'. For example, the present negative of 'good' is 'よくないです'; NOT 'いいくないです'.

JAPANESE ADJECTIVES (2) - part 2

'-na (な)' or 'pseudo' adjectives

N.B. Na adjectives behave like nouns. Only the verb changes.

Meaning	Dictionary form /Plain form	Present		Past	
		Affirmative です	Negative では (じゃ) ありません	Affirmative でした	Negative では (じゃ) ありませんでした
quiet	しずか	しずかです	しずかではありません	しずかでした	しずかではありませんでした
beautiful	きれい	きれいです	きれいではありません	きれいでした	きれいではありませんでした
handsome	ハンサム	ハンサムです	ハンサムではありません	ハンサムでした	ハンサムではありませんでした
famous	ゆうめい	ゆうめいです	ゆうめいではありません	ゆうめいでした	ゆうめいではありませんでした

111

JAPANESE ADJECTIVES (3) – part 1

Adjectives are kinds of words which describe states or characteristics (e.g. 'big' as in 'a **big** car'; My car is **big**). Using reference sheets (1) and (2) on Japanese adjectives, you learned both affirmative and negative forms of the present and past.

In this reference sheet, let's learn how to express changes of state (e.g. He used to be short but he *has become tall* せがたかく<u>なりました</u>).

'-i （い）' or 'true' adjectives

Meaning	Dictionary form / Plain form	Change of State Drop the final い from the dictionary form.	
		become/will become ・・・くなります	has become ・・・くなりました
big	おおきい	おおきくなります	おおきくなりました
small	ちいさい	ちいさくなります	ちいさくなりました
tall　cf. high	(せが)たかい	たかくなります	たかくなりました
short　cf. low	(せが)ひくい	ひくくなります	ひくくなりました
heavy (weight)	おもい	おもくなります	おもくなりました
Light (weight)	かるい	かるくなります	かるくなりました
interesting cf. funny	おもしろい	おもしろくなります	おもしろくなりました
extrovert cf. light/bright	あかるい	あかるくなります	あかるくなりました
introvert　cf. dark	くらい	くらくなります	くらくなりました
thick (large diameter)	ふとい	ふとくなります	ふとくなりました
thin (small diameter)	ほそい	ほそくなります	ほそくなりました
cute　cf. sweet (person)	かわいい	かわいくなります	かわいくなりました
caring	やさしい	やさしくなります	やさしくなりました

JAPANESE ADJECTIVES (3) – part 2

'-na （な） ' or 'pseudo' adjectives

Meaning	Dictionary form / Plain form	Change of State に must be inserted at the end of dictionary form.	
		become/will become ・・・になります	has become ・・・になりました
quiet	しずか	しずかになります	しずかになりました
beautiful cf. pretty	きれい	きれいになります	きれいになりました
earnest cf. serious	まじめ	まじめになります	まじめになりました
handsome	ハンサム	ハンサムになります	ハンサムに なりました
honest	しょうじき	しょうじきに なります	しょうじきに なりました
romantic	ロマンチック	ロマンチックに なります	ロマンチックに なりました

N.B.

Some researchers claim that the Japanese language has relatively few adjectives. In order to compensate, Japanese people often use 'noun' or 'noun + particle "no"'.

e.g.   : those who possess money
               a rich person. (おかねもち**の**ひと).
               He is rich. （ かれはおかねもちです).

Particles

Particles じょし

In English, word order carries very important grammatical information.
1) Think of 'who bit whom' in the sentence 'The dog bit Tom'.
2) Think of 'who bit whom' in the sentence 'Tom bit the dog'.

In English, the subject normally comes in the initial position. The object usually comes after the verb. Therefore, strange as it may sound, you just have to interpret the sentence 2) above as 'Tom was the one who bit the dog'.

In Japanese word order is more flexible (except that verbs tend to come at the end of the sentence. For example, all three sequences of 'I watch T.V. every day' are possible in Japanese:

やまださんは まいにち テレビを みます。 (Mr. Yamada every day T.V. watches.)
まいにち やまださんは テレビを みます。 (Every day Mr. Yamada T.V. watches.)
テレビを やまださんは まいにち みます。 (T.V. Mr. Yamada every day watches.)

How does the Japanese language indicate 'who does what'? To indicate the relationships of the words in a sentence, so-called particles 'じょし (jyoshi) ' are used. Particles are little words (e.g. wa, ga, o) and they are placed **after the word they control**, acting as signposts to their function in a sentence.

Kinds		Function	Examples
CATEGORY I: Topic Markers			
Emphasis is often placed on the preceding words by adding these particles.			
It is possible for topic markers to be used with other particles.			
は	*wa*	「は」 indicates the topic of the sentence. Normally the topic of the sentence and the subject of the sentence coincide. Therefore the word in front of 「は」 can often be viewed as the subject of the sentence. In English, you can translate it as 'I'm a student.' However, 「は」 can have a slightly more emphatic nuance. For example, in the context of other people explaining about their occupations, you might distinguish yourself by saying, 「わたし**は**、がくせいです。 」 'As for me, I'm a student'. In such cases, you might translate 「は」 by saying 'as for...' or 'regarding ...' in English as in 'As for me, I'm a student'.	わたしは、がくせいです。 (I'm a student.) (As for me, I'm a student.)

		「は」 is not used after question words (e.g. 「なに (what/which)」, 「だれ (who)」, etc).	
も	*mo*	「も」 has the meaning 'also' or 'too'.	わたし**も**がくせいです。 (I'm also a student.) (I'm a student, too.)

CATEGORY II: Function Markers

These particles are indispensable in signifying the relationships between the words in the sentence.

が	*ga*	**Subject marker:** 「が」 marks the preceding word as the grammatical subject of the sentence. Use 「が」 after question words.	だれ**が**、 　　いきますか。 (Who is going?) わたし**が**いきます。 (I'm going.)
を	*o*	**Object marker:** 「を」 indicates the direct object of a sentence.	テレビ**を**みます。 (I watch T.V.)
の	*no*	**Possession Marker:** 「の」 often expresses possession of the noun that comes before it. 「の」 is far more powerful than the English possessive. In English only humans normally have the possessive by adding 's, as in, 'Tom's car.' In Japanese, it is possible to say 「<u>くるま**の**いろ</u> (car's colour)」	これはあなた**の**ほんですか。 (Is this your book?) Tom の くるま**の**いろ は あかです。 (The colour of Tom's car is red.)
で	*de*	**Position Marker:** 「で」 is used to mark the position like 'at', as in 'at a restaurant'. **Means Marker:** 「で」 also indicates that the preceding word is an instrument towards some end (e.g. a means of transport).	スターバックス**で**コーヒーをのみました。 (I had coffee at Starbucks.) バス**で**クレメンティへいきました。 (I went to Clementi by bus.)

に	*ni*	「に」 can mean all sorts of things but the following functions are common. **Time Marker:** 「に」 can express 'at' (a time), 'on' (a day) and 'in' (a year).	げつようび<u>に</u>だいがくへいきます。 (I go to the university on Monday.)
		Position Marker: 「に」 is used with verbs of existence such as *aru* and *iru* to indicate where something or someone is.	うち<u>に</u>います。 (I'm at home.)
		Direction Marker: 「に」 can also be used as an alternative to 「へ」 below to indicate motion towards a place and to mean 'to (a person)'. Note that 「に」 highlights 'the end point of the motion' whereas 「へ」 represents the 'movement towards some person or place'.	きのうだいがく<u>に</u>いきました。 (Yesterday I went to the university.)
へ	*e*	**Direction Marker:** 「へ」 implies motion towards a place: 'to', 'towards' 「へ」 is normally used with 「いく (go)」「くる (come)」「かえる (go back/go home)」.	きのうだいがく<u>へ</u>いきました。 (Yesterday I went to the university.)

CATEGORY III: Connection Markers
These particles express some kinds of connections.

と	*to*	「と」 combine two things just like English 'and'.	パン<u>と</u>ジュースをください。 (Please let me have bread and juice.)
		「と」 also means 'with'. In such use, 「と」 is often accompanied by 「いっしょに」.	はは<u>と</u>（いっしょに）オーチャードへいきました。 (I went to Orchard (together) with my mother.)

や	*ya*	「や」 is used when you want to list things: I bought A, B, C, etc. It often accompanies 「など(etc.)」 as shown in the example.	セントーサに、くるまやバスやフェリーなどでいきます。 (We can go to Sentosa by car, bus, ferry, etc.)
から	*kara*	「から」 means 'from' the place or time which comes before it in a sentence. 「から」 is often used with 「まで」; similar usage as 'from .... Till ...' in English.	すずきさんはにほんからきました。 (Mr. Suzuki came from Japan.) あさからよるまでべんきょうしました。 (I studied from morning till night.)
まで	*made*	「まで」 means 'till'.	あさからよるまでべんきょうしました。 (I studied from morning till night.)
CATEGORY IV: Question Marker			
か	*ka*	**Question marker:** 「か」 always come at the end of a sentence and indicates a question. In Japanese, adding 'ka' at the end is all you need to form a question. The word order does not change at all.	あなたは、がくせいですか。 (Are you a student?) コーヒーをのみますか。 (Do you drink coffee?)